LES ÉCONOMISTES LES SOCIALISTES ET LE CHRISTIANISME,

PAR CHARLES PÉRIN,

Professeur de droit public et d'économie politique à l'Université catholique de Louvain.

PARIS,

JACQUES LECOFFRE ET Cie, LIBRAIRES,

RUE DU VIEUX-COLOMBIER, 29.

Ci-devant rue du Pot de Fer Saint-Sulpice, 8.

LES

ÉCONOMISTES

LES SOCIALISTES

ET LE

CHRISTIANISME.

Paris. — Typographie de Firmin Didot frères, rue Jacob, 56.

LES

ÉCONOMISTES

LES SOCIALISTES

ET LE

CHRISTIANISME,

PAR CHARLES PÉRIN,

Professeur de droit public et d'économie politique à l'Université catholique de Louvain.

PARIS,

JACQUES LECOFFRE ET CIE, LIBRAIRES,

RUE DU VIEUX-COLOMBIER, 29.

Ci-devant rue du Pot de Fer Saint-Sulpice, 8.

1849.

LES ÉCONOMISTES, LES SOCIALISTES ET LE CHRISTIANISME.

CHAPITRE I.

De la lutte du principe sensualiste et du principe chrétien dans l'ordre économique.

Au milieu des agitations où les sociétés vivent depuis une année, elles s'interrogent avec anxiété sur les causes du mal qui les dévore, et dont les progrès lents et longtemps inaperçus du grand nombre se sont tout à coup révélés par tant de violences et tant de ruines. C'est au cœur même de la société qu'il faut pénétrer, ce sont ses doctrines qu'il faut scruter pour s'expliquer la profondeur de ces désordres. Les doctrines sont l'âme de la société; ce sont elles qui lui impriment le mouvement dans l'ordre matériel aussi bien que dans l'ordre moral. Les graves difficultés qui travaillent aujourd'hui le monde social n'apparaissaient, il y a peu de temps encore, que sous la forme de difficultés de l'ordre économique; mais ce n'était là que l'apparence. Sous les questions d'intérêts, il y avait des questions de principes; il y avait tous ces redoutables problèmes qui de tout temps ont agité le monde : Dieu, la destinée immortelle de l'homme, l'éternelle guerre des sens contre l'esprit, des séductions du sensualisme contre les sévérités du renoncement chrétien; c'était de tout cela qu'il s'agissait dans les luttes qui, pendant les quinze dernières années, ont tenu les intelligences attentives, et c'est encore ce qui se débat aujourd'hui dans les luttes armées où la société est réduite à la nécessité de combattre pour son existence même. Par le cours inévitable des choses, les doctrines ont passé dans les faits. La logique du peuple va droit à l'application; une fois tombées dans son domaine, les idées, qui ne semblaient, dans la bouche de leurs propagateurs, que des folies impossibles, sont devenues des réalités redoutables. Dans les audacieuses tentatives qui ébranlent sur ses bases l'ordre social, il y a plus de coupables qu'on ne croit. Ce n'est pas seulement aux novateurs, ce n'est pas seulement aux malheureux qui se sont laissé tromper à l'appât de leurs promesses séductrices, qu'il faut s'en prendre; la société tout entière a de graves reproches à se faire. Les doctrines dévastatrices, avant de pénétrer dans le peuple, avaient trouvé accueil dans les classes élevées. Là sans doute elles ne s'étaient point présentées sous les formes menaçantes qu'elles affectent aujourd'hui; mitigées dans leur expression, entourées de toutes les précautions de l'intérêt bien entendu, elles semblaient concilier le bénéfice des passions satisfaites avec la sécurité d'un ordre social en apparence inébranlable. C'était sous la forme des doctrines de l'économie politique anglaise que l'idée sensualiste, qui s'est depuis transformée en socialisme, attirait à soi, par les vérités utiles mêlées à ses erreurs et par l'incontestable générosité de ses intentions, bien des âmes honnêtes que le matérialisme pur aurait révoltées; mais, pour qui sait voir jusqu'au fond des choses, il n'y avait pas à se tromper sur la pensée capitale du système. A son insu, l'économie politique anglaise, en constituant la science sociale sur des données sensualistes, préparait la voie aux démolisseurs du socialisme.

Pour combattre les progrès du mal, il aurait fallu, au lieu de livrer les classes ouvrières à elles-mêmes, user pour le bien des moyens de propagande dont on usait si activement pour le mal. Pour cela, il fallait qu'une charité ardente animât les classes supérieures; il fallait qu'en exerçant sur les classes ouvrières un patronage désintéressé, on leur fît comprendre quels périls renfermaient pour elles les doctrines qu'on leur offrait sous des apparences si séduisantes. Pour les soustraire aux influences corruptrices qui les assaillaient, il fallait gagner leur cœur; or, la charité qu'inspire le christianisme, la charité, qui aime et respecte l'homme à qui elle s'adresse, qui voit en lui un frère malheureux et souvent égaré, pouvait seule y réussir. Quelques hommes, animés de sentiments chrétiens, l'ont tenté avec succès; mais ils étaient peu nombreux, et leur charité, tout ardente qu'elle fût, n'a pu suffire à la tâche. L'économie politique se préoccupait vivement de l'état des classes ouvrières, ses travaux ont apporté d'utiles secours à la charité; mais le dévouement à la classe ouvrière qui inspirait les écrivains ne pénétrait guère dans le public; et d'ailleurs, par son principe même, l'économie politique sensualiste était impuissante à susciter la charité. Cette nécessité d'un patronage sérieux des classes inférieures par les classes riches, les dangers que court la société quand elle néglige ce devoir chrétien, sont au nombre des enseignements qu'il a plu à la Providence de donner au monde au milieu des calamités dont elle nous afflige.

Le point de départ de toute l'économie politique sensualiste, c'est le principe du développement indéfini des besoins. Or, entre ce principe et la morale, telle que l'entendent les sociétés chrétiennes, il n'y a point de conciliation possible. Dans la doctrine chrétienne, l'idée du bien et de la vertu est inséparable de l'idée du sacrifice; elle implique la victoire de l'homme sur ses penchants désordonnés, et la nécessité d'une lutte constante de l'homme contre lui-même. Cette nécessité fait horreur aux apôtres de la doctrine du développement indéfini des besoins; suivant eux, c'est outrager la nature humaine que de contester la légitimité de son penchant aux satisfactions matérielles; la loi du renoncement est pour eux une loi contre nature, aussi ont-ils prétendu constituer la science de la richesse indépendamment de la morale. Mais ils oubliaient qu'il n'y a rien dans l'ordre social qui ne relève de la loi morale, parce qu'il n'y a pas dans la vie humaine un seul acte qui soit indifférent au point de vue du bien. Ainsi la morale sera la première de toutes les sciences sociales, celle dans laquelle toutes les autres trouveront leur point de départ et leur règle inviolable. L'économie politique sera donc subordonnée à la morale; ce que celle-ci déclarera bon devra être reconnu utile par celle-là; il pourra y avoir entre elles contradiction apparente, parce qu'on n'aura pas aperçu dès l'abord toutes les conséquences de l'acte que l'on considère comme utile, bien que la morale le désavoue; mais, si l'on se donne la peine d'attendre que l'expérience en ait révélé la portée, on trouvera que, tout compte fait, l'oubli des préceptes de la morale a fini par être funeste même dans l'ordre du bien-être.

On ne peut pas impunément méconnaître les lois essentielles de l'activité humaine et prétendre isoler des faits qui, de leur nature, sont intimement dépendants l'un de l'autre; il n'y a de progrès véritable, pour la société comme pour les individus, que celui dont le perfectionnement moral est le principe : c'est par la puissance de sa volonté, aidée des lumières de l'intelligence, que l'homme transforme le monde physique et l'asservit à ses besoins; comment alors conserverait-il cet empire sur les choses, s'il se plaçait hors des conditions auxquelles il lui est donné de l'exercer? si, au lieu de dominer sur la nature par l'ascendant d'une volonté libre et souveraine, il permettait à la nature de dominer sur sa volonté par l'attrait trop écouté des jouissances sensibles? Le progrès social est une œuvre complexe, dont toutes les parties se correspondent et se rattachent les unes aux autres par des liens intimes et indissolubles. C'est des profondeurs de la personnalité humaine que part l'impulsion qui le produit; c'est là qu'il faut pénétrer quand on prétend accélérer sa marche. C'est sur la volonté qu'il faut agir, car c'est par une volonté droite et ferme que l'homme parvient à la conquête du bien, du vrai, du beau, de l'utile. Le développement simultané de toutes les facultés de l'homme qui répondent à ces divers objets de son activité, dans leur rang de prééminence et de subordination naturelles, voilà l'idéal du progrès. Rarement les hommes y atteignent; si parfois ils parviennent à réaliser dans le cours des temps cette admirable unité, il ne leur est guère donné de s'y reposer; dans la lutte que se livrent sans cesse les penchants contraires de l'humanité, les sens usurpent trop souvent la prééminence sur l'esprit; et alors c'en est fait de cet heureux accord de toutes les facultés de l'homme, tendant d'une commune impulsion vers un but unique et réalisant par leur constante harmonie le progrès vrai et durable. L'humanité souffrira de cet oubli des lois naturelles de son existence, non-seulement dans le développement de ses facultés élevées, mais elle en souffrira même dans son bien-être. Aussi le premier soin d'une science qui se propose de déterminer les conditions de l'aisance générale, doit-il être de reconnaître qu'elle est subordonnée dans ses lois aux principes de l'ordre moral, et que ces principes doivent être pris par elle en considération en tant qu'ils influent sur la production et la distribution des richesses. Faute de respecter cette supériorité naturelle de la science du bien sur la science de l'utile, faute d'accepter l'intervention légitime de l'élément moral dans la recherche des moyens les plus propres à assurer le bien-être de tous, l'économie politique va à l'encontre de son but : elle compromet, au lieu de le servir, le progrès matériel des peuples.

La séparation de l'économie politique d'avec la morale, qui est la science sociale générale, est tellement hors de la nature des choses, que les économistes ont été ramenés, par l'inévitable force de la logique, à prendre pour leur point de départ des données qui ne sont au fond que des principes de morale. Seulement à la morale du christianisme ils ont substitué la morale de l'intérêt. Sans renier ouvertement cette morale chrétienne qui fait le fond de nos mœurs, on s'est contenté de l'écarter comme une superfluité et d'édifier la science dans l'ordre purement matériel, dont on a fait insensiblement l'ordre social tout entier.

Dans le cours de cet écrit nous rechercherons d'abord ce qu'ont fait pour les sociétés, pour l'amélioration du sort du grand nombre, les doctrines de l'économie politique anglaise. Avant tout, nous nous attacherons à caractériser ces doctrines ; pour y parvenir, nous ne reculerons point devant des citations multipliées. Les reproches que nous adressons à l'économie politique sont graves, nous ne saurions les appuyer de trop de preuves; il y a d'ailleurs dans les écrits de certains économistes, surtout des Anglais, des choses tellement étranges, que l'on serait peut-être tenté de nous taxer d'exagération si nous n'apportions des textes à l'appui de nos assertions. Les doctrines étant connues, nous rechercherons quelles en ont été les conséquences dans l'ordre pratique, et nous pourrons nous convaincre qu'ici comme partout l'erreur n'a enfanté que le désordre; qu'au lieu du bien-être sans limites que promettait le sensualisme, il n'a donné au peuple qu'une misère que chaque jour tend à aggraver.

Nous prouverons ensuite que le socialisme, dans ses principes fondamentaux, n'est qu'une continuation des doctrines de l'économie politique sensualiste, qu'il n'a fait que tirer les dernières conséquences des principes posés par les économistes.

Après avoir suivi l'erreur jusque dans ses conceptions les plus hardies, il nous restera une dernière recherche à tenter : nous aurons à voir comment, même dans l'ordre purement économique, la vérité répond à toutes les conditions du progrès social. Nous pourrons nous convaincre que le principe social chrétien, le principe du sacrifice, du renoncement à soi, peut seul mettre la société à même d'atteindre une de ses fins les plus légitimes : l'amélioration du sort du grand nombre; et que le progrès dans la condition du peuple, que l'on a demandé en vain aux doctrines qui flattent le plus la faiblesse humaine, ne se trouvera que dans la pratique sociale des enseignements à la fois consolants et sévères du christianisme.

CHAPITRE II.

Du principe des théories des économistes.

Dès son origine l'économie politique a fait fausse route. Quesnay, qui le premier tenta d'en formuler les lois en corps de doctrine, avait parfaitement saisi la relation intime qui unit la science de la richesse aux principes généraux de la philosophie sociale. Malheureusement cette philosophie était pour lui, comme pour la plupart de ses contemporains, toute renfermée dans les étroites limites du monde des sens. Les besoins matériels, les moyens d'y pourvoir, les jouissances que procurent à l'homme les choses destinées à les satisfaire, là était, suivant Quesnay et les écrivains de son école, le mobile unique des actions des hommes, ainsi que la raison dernière de toute l'organisation sociale.

Tout ce que le cœur de l'homme peut contenir d'affections généreuses, l'intelligence de conceptions élevées, n'était en quelque sorte qu'une transformation du sentiment primitif et universel du besoin et de l'attrait que ressent l'homme pour les objets doués de la puissance de l'apaiser. Et pourtant, parmi tout ce grossier matérialisme, on est frappé de rencontrer à chaque pas le plus sincère amour de l'humanité, le plus ardent désir de rendre moins lourd le fardeau de l'existence, si accablant pour la plupart des hommes. Singulier mélange d'idées basses et de sentiments élevés, que l'on rencontre chez presque tous les écrivains du dix-huitième siècle, et qui atteste l'influence du principe chrétien même sur les hommes qui semblent le moins disposés à en subir la puissance! Pour qui concevait ainsi l'origine et le but des sociétés, la science de la richesse devait être la première des sciences sociales, toutes les autres en devaient découler comme de leur principe. Aussi est-ce de cette manière que Quesnay conçut son système, que ses disciples, fidèles à la pensée du maître, nommèrent *physiocratie* ou constitution naturelle du gouvernement le plus avantageux aux sociétés. La physiocratie commence par un traité du droit naturel; les lois qui constituent ce droit sont les conditions essentielles auxquelles les hommes sont assujettis pour s'assurer tous les avantages que l'ordre naturel peut leur procurer, et l'ordre naturel n'est autre chose que la constitution physique que Dieu même a donnée à l'univers et par laquelle tout s'opère dans la nature. Viennent ensuite l'analyse du tableau économique et les maximes du gouvernement où se trouvent résumées les idées bien connues de Quesnay sur l'origine et le développement de la richesse des peuples.

Ainsi, dans les théories sociales de Quesnay, c'est, d'un bout à l'autre, des intérêts matériels qu'il s'agit; ils y sont la source, la raison et la fin de tout. Pour les physiocrates, l'économie sociale est donc toute concentrée dans l'exposé des lois qui président à la création et à la distribution de la richesse. A peine ont-ils conçu l'idée éminemment juste d'une science embrassant dans ses principes généraux toutes ces relations de la vie sociale, qu'entraînés par ce qu'il y a de faux et d'exclusif dans leur manière de comprendre la destinée humaine, ils rabaissent leur science sociale aux mesquines proportions d'une théorie des intérêts matériels. Erreur fâcheuse, même à ne considérer que la prospérité matérielle des peuples, parce que, dans la réalité, le bien-être général restera toujours subordonné aux principes supérieurs de l'ordre moral! Erreur grave aussi dans l'ordre spéculatif, parce que, en jetant dès l'abord la science de la richesse hors de ses voies naturelles, elle a rendu et rend de nos jours encore très-difficile la constitution définitive des sciences économiques.

Après les économistes français, vint Adam

Smith qui, par sa rigoureuse méthode d'observation, éleva l'économie politique au rang de science positive et détermina la plupart de ses principes fondamentaux. Philosophe spiritualiste, Smith n'avait garde de voir dans le bien-être matériel le tout des sociétés ; dans sa pensée, les *Recherches sur la richesse des nations* n'étaient que le complément de ses théories philosophiques. Après avoir scruté les facultés humaines dans ce qu'elles ont de plus intime, il couronna ses travaux par l'étude de ces mêmes facultés, considérées dans les lois suivant lesquelles elles s'appliquent à transformer les choses en vue de les faire servir aux besoins; seulement, pour rester plus rigoureux, il crut devoir se borner à exposer le mécanisme suivant lequel les richesses se produisent et se distribuent, et négligea toutes les considérations de l'ordre moral, qui lui semblaient trouver leur place naturelle dans la philosophie proprement dite.

Certes, c'était une faute que d'isoler ainsi, dans la théorie, des faits qui, dans la réalité, sont étroitement unis; c'était, en l'écourtant, fausser la science économique dans ses principes mêmes. Sans doute cette science a un objet déterminé : la richesse; et c'est un des mérites de Smith d'avoir nettement tracé à l'économie politique les limites de ses investigations, et d'avoir ainsi fixé son individualité. Mais si la science est obligée, pour rester elle-même, de se renfermer rigoureusement dans son objet, il n'en est pas moins vrai qu'elle devra prendre les faits auxquels elle s'applique tels qu'ils se présentent dans la réalité avec les relations qui peuvent exister entre eux et les faits d'un autre ordre. Ainsi, si les faits de la vie matérielle des peuples sont liés dans leur mouvement aux faits de la vie morale, le premier devoir de la science qui traite de la richesse sera de reconnaître cette correspondance de l'ordre matériel à l'ordre moral; de cette façon elle aura embrassé son objet dans toute son étendue, avec toutes ses relations, sans pourtant être sortie de ses limites et sans avoir, en aucune façon, compromis son individualité. C'est là ce que ne comprit point le célèbre auteur des *Recherches sur la richesse des nations*. En négligeant les rapports essentiels qui subordonnent le progrès de la richesse générale des peuples à leurs progrès dans l'ordre moral, il céda, sans s'en rendre compte, aux tendances matérialistes de son siècle. Pour lui, la séparation de la morale et de l'économie politique n'était qu'une affaire de méthode; c'était un moyen de rendre plus facile l'étude des lois de la richesse en les simplifiant. Pour ses disciples, ce fut un principe, et une fois qu'ils l'eurent admis, ils furent invinciblement conduits à concevoir la science sociale comme l'avaient fait Quesnay et son école, à un point de vue tout matérialiste.

Le premier des écrivains de l'école de Smith, J. B. Say, ne put, malgré l'éminente justesse de son esprit, se soustraire aux conséquences où l'entraînait son principe ; la puissance de logique dont il était doué ne servit qu'à l'y précipiter plus vite et plus avant. Pour lui, la science de la richesse est la science sociale universelle. L'économie politique peut seule faire connaître les vrais rapports qui lient les hommes en société. « L'objet de cette science, dit-il, semble avoir été restreint jusqu'ici à la connaissance des lois qui président à la formation, à la distribution et à la consommation des richesses ; c'est ainsi que moi-même je l'ai considérée dans mon traité d'économie politique, publié pour la première fois en 1803. Cependant on put voir, dans cet ouvrage même, que cette science tient à tout dans la société. Depuis qu'il a été prouvé que les propriétés immatérielles, telles que les talents et les facultés personnelles acquises, forment une partie intégrante des richesses sociales, et que les services rendus dans les plus hautes fonctions ont leur analogie avec les travaux les plus humbles; depuis que les rapports de l'individu avec le corps social, et du corps social avec les individus et leurs intérêts réciproques, ont été clairement établis, l'économie politique, qui semblait n'avoir pour objet que les biens matériels, s'est trouvée embrasser le système social tout entier. En effet, si nous mettons de côté les rapports qu'ont entre eux les membres d'une même famille, que l'on peut considérer comme ne formant qu'un seul individu, parce que leurs intérêts sont communs, et les rapports purement personnels de l'homme avec son Créateur, que l'on ne saurait considérer comme faisant partie du corps social, toutes les questions sociales se rattachent à des intérêts réciproques susceptibles d'appréciation (1). »

Plus loin, Say dit encore que « l'économie politique ne s'occupe que des intérêts de cette vie : c'est une chose évidente, avouée. Chaque science a son objet qui lui est propre ; l'objet de celle-ci est d'étudier l'économie sociale dans ce monde, et telle qu'elle résulte de la nature de l'homme et des choses : si elle sortait de ce monde, ce ne serait plus de l'économie politique, ce serait de la théologie. On ne doit pas plus lui demander compte de ce qui se passe dans un monde meilleur, qu'on ne doit demander à la physiologie comment s'opère la digestion dans l'estomac des anges (2). »

Si l'on pouvait conserver quelque doute sur la

(1) *Cours complet d'économie politique ;* Paris, 1840, chez Guillaumin, t. I, p. 4.

(2) *Ibid.*, p. 49.

portée de ces déclarations de principes, le passage suivant n'en laisserait plus aucun :

« Buffon, dans ses *Époques de la nature*, a dit en parlant des premiers âges du monde : « L'homme de ce temps encore à demi sauvage, « dispersé, peu nombreux, ne sentait pas sa « puissance, ne connaissait pas sa vraie richesse. « Le trésor de ses richesses était enfoui, il igno- « rait la force des volontés unies et ne se dou- « tait pas que, par la société et par des travaux « suivis et concertés, il viendrait à bout d'im- « primer ses idées sur la face de l'univers. » Ce que Buffon n'a fait qu'entrevoir s'est trouvé complétement expliqué, du moment qu'on a mieux compris l'économie sociale; l'état de société, en développant nos facultés, en multipliant les rapports de chacun de nous avec les autres hommes, a multiplié tout à la fois nos besoins et les moyens que nous avons de les satisfaire. Nous avons pu produire et consommer d'autant plus, que nous étions plus civilisés; et nous nous sommes trouvés d'autant plus civilisés, que nous sommes parvenus à produire et à consommer davantage. C'est le trait le plus saillant de la civilisation. Qu'avons-nous, en effet, par-dessus les Kalmoucks, si ce n'est que nous produisons et consommons plus qu'eux (1). » La poursuite du

(1) *Cours*, etc., p. 497.

bien-être étant ainsi posée comme la fin dernière des efforts de l'humanité, comme le but suprême des sociétés, toute la théorie du mouvement social se résumera dans le principe du développement indéfini des besoins, qui sera la donnée sociale universelle; c'est, en effet, sur ce principe que reposent toutes les doctrines de Say; tous ses écrits n'en sont que la continuelle application. On le trouve énoncé de la façon la plus nette dans le passage qui suit : « L'expérience nous apprend que le bonheur de l'homme est attaché au sentiment de son existence et au développement de ses facultés. Or, son existence est d'autant plus complète, ses facultés s'exercent d'autant plus, qu'il produit et consomme davantage. On ne fait pas attention qu'en cherchant à borner nos désirs, on rapproche involontairement l'homme de la brute. En effet, les animaux jouissent des biens que le ciel leur envoie, et, sans murmurer, se passent de ceux que le ciel leur refuse. Le Créateur a fait davantage en faveur de l'homme : il l'a rendu capable de multiplier les choses qui lui sont nécessaires ou seulement agréables; c'est donc concourir au but de notre création que de multiplier nos productions, plutôt que borner nos désirs (1). »

Dans les premières éditions de son cours com-

(1) *Cours*, etc., p. 54.

plet, Say s'exprimait ainsi : « Quand l'homme fait partie d'une société civilisée, ses besoins sont nombreux et variés. Dans tous les cas, et quel que soit son genre de vie, il ne peut le continuer à moins que les besoins que ce genre de vie entraîne ne soient satisfaits. Les besoins multiplient les jouissances; la modération dans les désirs, se passer de ce qu'on n'a pas, est la vertu des moutons. Il convient aux hommes de se procurer légitimement ce qui leur manque. » Dans la dernière édition, l'auteur a cherché à mitiger sa pensée dans l'expression, mais ne l'a point changée au fond; la phrase trop célèbre qui égale à la stupide impassibilité de la brute l'acte sublime du renoncement aux jouissances terrestres, y subsiste intacte. D'ailleurs, au passage ainsi corrigé est jointe une note, à propos d'une pensée de Socrate, où ce grand homme pose comme maxime que le bonheur consiste à resserrer le plus qu'il est possible la sphère de nos besoins; cette note nous révèle l'irréconciliable opposition des doctrines de l'école de Say avec le principe social chrétien : « Les anciens, y est-il dit, n'avaient aucune idée de la nature des richesses et des moyens de les multiplier; ils croyaient qu'elles ne s'obtenaient jamais que par la fraude et la rapine. N'ayant pas su réduire en préceptes l'art de les créer, le plus sublime effort de la vertu pour eux consistait à s'en passer ; de là la doctrine des premiers chrétiens sur la pauvreté. » Ainsi cette héroïque abnégation de soi-même, cet amour sublime de la pauvreté, qui fait depuis dix-huit siècles la force et la gloire du christianisme, n'est plus que la résignation de l'impuissance à des maux qu'on ne se sent pas le courage de vaincre et qu'on accepte avec une dégradante soumission.

En mettant ainsi dans tout son jour ce que les doctrines de Say renferment de condamnable, nous n'entendons point méconnaître tout ce qu'il y avait en lui d'amour sincère de l'humanité. Sans doute, ses intentions sont généreuses, la situation pénible des classes ouvrières le préoccupe, il est animé du désir d'alléger leurs souffrances; mais il tombe dans une déplorable erreur quand il s'obstine à chercher le remède aux maux de nos sociétés dans le principe de l'extension indéfinie des besoins.

Que le principe de Say soit encore au fond de toutes les doctrines de l'économie politique non chrétienne, c'est ce que ne prouvent que trop les écrits les plus récents de cette école. Il nous suffira de citer l'un des derniers et des meilleurs : les *Recherches sur les causes de l'indigence, par M. A. Clément.* L'esprit éminemment droit et pratique de l'auteur ne lui permet pas d'énoncer sans ménagement l'axiome fondamental de son école. Mais toujours est-il qu'il l'énonce de telle sorte qu'il n'y a pas à s'y tromper; nous verrons plus tard comment il l'applique. Il a beau dire qu'il ne faut pas, dans tous les cas, nous abandonner sans aucune retenue à la propension qui nous pousse à étendre nos besoins; que, de même que la plupart de nos autres facultés, celle dont il s'agit ne concourt à notre bien-être que lorsqu'elle est guidée dans ses développements par une raison éclairée, par une direction empreinte de modération et de sagesse, qui lui est d'autant plus nécessaire que ses écarts peuvent amener des résultats désastreux; au fond, il n'y a dans tout cela que les précautions d'un épicuréisme désireux d'éviter à l'homme les souffrances dont l'abus des jouissances matérielles est la source; il est impossible de voir là autre chose qu'un des derniers et des plus subtils raffinements de la philosophie du bien-être. Le passage suivant met à nu les véritables doctrines professées par l'auteur des *Recherches sur les causes de l'indigence* :

« La faculté d'étendre nos besoins est inhérente à notre nature et aussi indestructible que notre tendance vers le bien-être, dont elle est une conséquence; si certaines croyances peuvent y faire momentanément obstacle en agissant fortement sur notre volonté, ces déviations sont partielles et passagères, et elles ne sauraient affecter pendant longtemps la masse des individus.

C'est en vain que, depuis des siècles, quelques sectes philosophiques et presque toutes les doctrines religieuses se sont opposées à l'extension des besoins, en faisant un devoir de l'abstinence, de l'habitude des privations, non comme moyen de perfectionnement moral applicable à la vie actuelle, mais uniquement en vue de satisfaire à des prescriptions que l'on supposait émanées d'un pouvoir surhumain; ces recommandations ne paraissent avoir été comprises en général que comme une exhortation à supporter avec patience des maux auxquels on ne pouvait échapper : car, à mesure que les progrès de l'industrie ont amené l'accroissement et une répartition plus équitable des richesses, l'habitude des privations, n'étant plus une nécessité, n'a pu résister à la force d'expansion des besoins; ceux-là mêmes qui faisaient profession de la recommander ont oublié leur théorie dans la pratique de la vie. De nos jours, les doctrines ascétiques, la renonciation aux biens de ce monde, la résignation passive aux souffrances, ne sont guère préconisées que par des philanthropes ou des prédicateurs assez bien pourvus eux-mêmes de tout ce qui peut rendre la vie commode et agréable.

« Le développement progressif de nos besoins étant le résultat d'une loi naturelle dont la puissance n'a jamais pu être arrêtée, même par les croyances religieuses qui ont le plus d'empire sur les volontés humaines, ce serait perdre son temps et ses efforts que de songer à atténuer la misère en luttant contre cette loi; on arriverait d'ailleurs à un résultat contraire au but, car ce n'est pas en méconnaissant les conditions essentielles et *providentielles* de notre existence que nous pourrions parvenir à l'améliorer. »

La destinée humaine ainsi comprise, il va de soi que la science sociale, avec tous les problèmes qui en dépendent, seront envisagés au point de vue des intérêts, et qu'ils trouveront leur solution dans les faits de cet ordre. L'intérêt bien entendu décidera de tout. La morale de l'égoïsme, par cela même qu'elle renferme la raison suprême de tous les rapports sociaux, pourra seule donner la clef des difficultés dont ces rapports se compliquent. L'amour du bien-être sera dans ce système le moteur universel.

Mais que peut en réalité pour la société un pareil principe? Qu'en faut-il attendre pour son repos, sa félicité, sa grandeur et sa force? Possède-t-il véritablement la puissance de combler cet insatiable désir de bonheur matériel qu'il a allumé dans les âmes et auquel il a sacrifié ce qu'il y a en nous de plus noble et de plus pur? ou bien prépare-t-il seulement, aux hommes abusés, des souffrances d'autant plus cruelles qu'elles succéderont à des espérances plus ardentes et plus flatteuses? Quand nous aurons demandé aux économistes de l'école sensualiste le dernier mot de leurs principes, quand nous aurons considéré dans leur triste réalité les conséquences pratiques de leurs doctrines quant au bonheur des classes les plus nombreuses et les moins bien partagées en ce monde, la réponse à ces questions ne sera pas longtemps douteuse.

Avant d'aborder directement le problème de la misère, et de constater l'impuissance des économistes à le résoudre, il faut établir les principes essentiels d'où dépend sa solution. Ces principes, nous tenons à les demander à ceux-là mêmes dont nous combattons les théories ; c'est dans leurs ouvrages que nous irons chercher les armes dont nous nous servirons contre eux. Il y a beaucoup de vérités utiles à recueillir dans les travaux des économistes. Il est arrivé trop souvent que des hommes dont l'intelligence droite et le cœur chrétien se révoltaient à l'aspect du matérialisme des économistes, ont enveloppé dans une même proscription les principes fondamentaux de la science et les conclusions que ses adeptes en tirent. Nous ferons en sorte d'éviter cet écueil.

Les esprits éminents qui se sont appliqués à l'étude des lois suivant lesquelles les richesses se produisent et se distribuent dans la société, sont parvenus par une rigoureuse méthode d'observation à poser des principes généraux, expression fidèle de faits qui se reproduisent tous les jours sous nos yeux et qui tiennent à ce qu'il y a de fondamental dans la nature intime de l'homme et dans ses rapports avec le monde extérieur. C'est à l'aide de ces principes généraux, incontestablement vrais pour tous les temps et pour tous les lieux, que nous mettrons en évidence ce qu'il y a de faux et de dangereux dans les théories de l'économie politique sensualiste. Nous nous efforcerons de prouver que c'est pour n'être pas restés conséquents avec les principes auxquels l'observation les avait conduits, que les économistes ont abouti dans leurs doctrines à des conclusions qui auraient été la ruine des sociétés si l'on avait pu parvenir à les faire dominer dans les mœurs et dans les institutions. C'est surtout dans les *Principes d'économie politique* de M. John Stuart Mill, publiés il y a à peine une année en Angleterre, et dont l'apparition a causé dans ce pays une vive sensation, que nous irons puiser le résumé des doctrines admises comme classiques par tous les hommes qui se sont sérieusement occupés des lois du mouvement social quant au progrès de la richesse. C'est dans ce livre, le plus remarquable qu'on ait écrit sur la science économique depuis Adam Smith, que se trouve l'exposé à la fois le plus complet et le plus lucide des principes de cette science envisagée à son véritable point de vue, et traitée d'après sa véritable méthode, la méthode expérimentale.

Rendre aussi bonne que possible la condition matérielle du grand nombre, trouver le moyen d'assurer aux travailleurs les plus humbles une somme de ressources qui les mette à l'abri des souffrances de la misère, tel doit être l'objet constant des préoccupations de l'économiste. Pour parvenir à ce résultat si désirable, il est d'abord une condition à réaliser : c'est que la masse des choses utiles créées par le travail commun et qui doit être répartie entre tous les membres du corps social qui ont concouru à la produire, soit aussi considérable que possible ; c'est un fait qui n'a pas besoin de démonstration. L'humanité ne vit que du travail de ses mains ; si la somme des choses que le travail produit est peu considérable, en d'autres termes, si le travail est peu productif, la part attribuée à chacun sera peu considérable aussi ; pour certains même, elle pourra n'être pas suffisante. Il faut donc avant tout que les forces productrices du corps social soient dirigées de façon que, pour une somme donnée de travail, on obtienne la production la plus abondante possible. Quant aux conditions où doit être placé le travail pour s'exercer dans toute sa puissance, il n'y a plus aujourd'hui de dissidence sérieuse entre les économistes. Les lois de la production sont définitivement fixées; sur ce point la science est faite, et, de plus, ses principes ont pénétré si avant dans l'esprit public, que, parmi les hommes éclairés, ils n'offrent plus matière à contestation.

Mais si la question de la production est simple dans ses principes, elle cesse de l'être quand des théories on passe aux faits. Il est aisé de reconnaître la nécessité, pour le bien de tous, d'une production aussi abondante que possible; mais il n'est pas donné à l'homme de disposer souverainement de tous les agents nécessaires à la production et d'en multiplier à son gré le nombre ou la puissance. Cependant la force des choses rend cette multiplication indispensable : par les progrès des sociétés, en vertu des lois naturelles de l'espèce humaine, le nombre des hommes au besoin desquels il faut pourvoir va s'accroissant d'époque en époque; il faudra, pour que le bien-être reste le même, que la production aille croissant dans les mêmes proportions. Cet accroissement proportionnel de la production est-il possible? C'est ce que nous apprendra l'étude des lois qui régissent le développement des forces productives.

Il y a trois instruments essentiels qui concourent à l'œuvre de la production : le travail, le capital et les agents naturels. Dans le capital on comprend tous les objets extérieurs qui sont le produit du travail; par agents naturels on entend tous ceux de ces objets qui existent indépendamment du travail. Mais, parmi les agents naturels, il est inutile de tenir compte de ceux qui, existant en quantité illimitée, n'étant pas susceptibles d'appréciation et n'étant exposés à aucune altération dans leur qualité, peuvent à tout instant prêter un concours également actif à la production, quelle que soit son étendue : tels sont l'air et la lumière du soleil. Comme nous nous occupons présentement de déterminer les obstacles qui s'opposent au développement de la production, et non point les facilités qui lui sont offertes, nous n'avons à considérer parmi les agents naturels que ceux qui peuvent être insuffisants, soit quant à la quantité, soit quant à la puissance productive. Les agents naturels de cette sorte peuvent tous être compris sous la dénomination de *terre*. La terre, dans la stricte acception du mot, c'est-à-dire le sol qui est la source des produits agricoles, est le plus important de ces agents. Si nous étendons la dénomination de terre aux mines et aux pêcheries, aux matériaux que l'on tire de la terre, aux eaux qui la couvrent en partie, aussi bien qu'aux choses qui croissent à sa surface, nous embrasserons sous ce terme tout ce qu'il nous est nécessaire de considérer pour la question qui nous occupe.

Nous pouvons donc dire que les éléments essentiels de la production sont le travail, le capital et la terre. L'accroissement de la production dépendra donc des propriétés de ces éléments; cet accroissement sera le résultat de la multiplicité de ces éléments, ou de l'extension de leur puissance productive. La loi d'accroissement de la production sera donc la conséquence des lois qui régissent le développement des agents producteurs. Les limites que rencontrera cet accroissement ne seront donc autres que les limites posées par ces lois mêmes. Nous allons étudier successivement les trois agents de la production, le travail, le capital et la terre, au point de vue des restrictions que la nature de ces trois agents peut apporter au progrès de la richesse.

L'accroissement du travail résulte de l'accroissement dans la population. Chaque homme, en venant au monde, apporte à la société la puissance de travail inhérente aux organes dont la nature l'a doué. Pour connaître la loi qui préside au développement du travail, il faut donc s'être rendu compte de la loi qui règle le progrès de la population.

La puissance de multiplier inhérente à toute vie organique peut être regardée comme infinie. Il n'y a pas de végétal ou d'animal qui, si la terre lui était abandonnée, et réduite à ne produire que les choses nécessaires à son alimentation, ne couvrît en un petit nombre d'années toutes les régions du globe dont le climat est approprié à sa constitution. La rapidité de la multiplication est différente pour les différentes classes d'êtres, mais dans tous les cas elle est suffisante pour qu'ils remplissent en peu de temps la terre. Il va de soi que la puissance d'accroissement est nécessairement en progression géométrique : en effet, l'individu produit étant doué de la même puissance propagatrice que le producteur, la loi de progression géométrique s'ensuit naturellement.

L'espèce humaine ne fait pas exception à cette propriété des êtres organisés. Sa puissance de multiplication est indéfinie, et elle s'accroîtrait en réalité dans une proportion extraordinairement rapide, si cette puissance était exercée dans toute son étendue. Jamais l'exercice n'en est porté à ses dernières limites, et cependant, au milieu de circonstances favorables dans une contrée fertile, colonisée pour une population industrieuse et civilisée, on a vu la population, à chaque génération et indépendamment de l'accroissement provenant de nouvelles émigrations, doubler en moins de vingt années.

Que la puissance de multiplier de l'espèce humaine puisse même dépasser cette limite, c'est ce qui deviendra évident si nous considérons combien est grand d'ordinaire le nombre des enfants par famille dans les pays où le climat est favorable et où les mariages se contractent de bonne heure, et combien, d'un autre côté, est restreint le nombre de ceux qui meurent avant l'âge de la maturité, dans l'état présent des connaissances hygiéniques, lorsque l'atmosphère est salubre et que les familles sont suffisamment pourvues des choses nécessaires à la vie. C'est estimer très-bas la puissance d'accroissement de l'homme que d'affirmer que, dans des conditions sanitaires satisfaisantes, chaque génération doit être remplacée par une génération deux fois plus nombreuse. Toutefois, à aucune époque et dans aucun pays, la population ne s'est accrue avec une telle rapidité; à quoi tient que l'accroissement réel de la population se trouve de si loin inférieur à la puissance de multiplier dont la nature a doué l'homme?

Les causes de ce fait ne sont pas difficiles à découvrir. Qu'est-ce qui empêche les espèces animales de couvrir toute la terre? Ce n'est pas le défaut de fécondité, ce sont des causes toutes différentes, c'est la guerre que les animaux se font entre eux ou que l'homme leur fait, et l'absence d'une alimentation suffisante. Pour la race humaine, il y a d'abord la guerre et les maladies. Si la propagation de l'espèce humaine procédait, comme chez les animaux, de l'impulsion des instincts aveugles, elle rencontrerait les mêmes limites qui arrêtent celle des animaux. Les naissances seraient aussi nombreuses que le permet la constitution physique de l'espèce, et la population serait contenue par la mortalité. Mais les déterminations de l'homme sont soumises à l'action de motifs d'un ordre supérieur; il peut, par un acte de sa volonté libre, poser un frein à la puissance de multiplication que la nature lui a départie. C'est donc grâce à l'excellence de sa nature que l'homme échappera, par l'empire qu'il exerce sur ses passions, à l'action des principes destructeurs que recèlent les forces de la nature. Nous dirons, plus bas, à quelle force de l'ordre moral il faut faire appel pour contenir les générations humaines dans les bornes qu'elles ne peuvent dépasser sous peine d'encourir toutes les souffrances de la misère. Tout ce que nous voulons établir en ce moment, c'est la puissance d'accroissement indéfini que possède le travail. Il est évident, d'après cela, que les obstacles au développement de la production ne proviennent pas de ce côté. A ne considérer que le travail, rien ne s'oppose à ce que la production s'accroisse indéfiniment, avec une incessante rapidité. La population peut s'accroître rapidement d'après une progression géométrique uniforme. Si le travail était la seule condition de la production, le produit devrait s'accroître, et naturellement il s'accroîtrait dans la même proportion; il ne trouverait de limites qu'au moment où les hommes seraient tellement nombreux que le globe ne pourrait plus les contenir.

Mais le travail ne peut pas produire seul; d'abord il lui faut le concours du capital; il ne peut pas y avoir dans un pays, il ne peut pas y avoir dans le monde plus d'hommes que ce que le produit du travail antérieur en peut nourrir, jusqu'au moment où l'on peut disposer du produit du travail présent. Il ne pourra donc jamais y avoir, ni dans un pays, ni dans le monde, un nombre plus grand de travailleurs productifs que celui qui peut être entretenu au moyen de cette portion du travail antérieur que son possesseur a renoncé à consommer en vue de l'employer à la reproduction et qu'on appelle *capital*. Nous avons donc à nous enquérir maintenant des conditions de l'accroissement du capital.

Puisque tout capital est le produit de l'épargne, c'est-à-dire de la renonciation à une consommation actuelle en vue d'une richesse future, l'accroissement du capital dépend de deux circonstances : le montant du fonds sur lequel on peut faire des épargnes, et le plus ou le moins de propension qu'ont les hommes à épargner.

Le fonds sur lequel on fait des épargnes, c'est ce qui reste du produit du travail après qu'on a pourvu à la subsistance de tous ceux qui ont pris part à la production, au remplacement des matériaux absorbés par la production et à l'entretien des machines. C'est de ce surplus que sont tirées les choses d'agrément que s'accordent les producteurs en sus des choses nécessaires à leur existence; c'est de ce fonds que subsistent tous ceux qui ne sont pas eux-mêmes engagés dans la production; c'est de ce fonds qu'est tiré tout ce qui s'ajoute au capital : c'est le produit net du pays. Plus considérable sera ce produit net, et plus fortes pourront être les épargnes. Cette même circonstance de l'élévation du produit net influera aussi sur la propension à l'épargne; un des motifs qui engagent à épargner, c'est l'espérance de tirer un revenu de ses épargnes, espérance fondée sur ce fait, que le capital employé à la production pourra non-seulement se reproduire lui-même, mais encore donner un excédant. Plus le profit à retirer du capital sera élevé, plus puissant sera le motif qui poussera à l'accumulation. Cependant la propension à l'épargne ne dépend pas uniquement des motifs extérieurs, de la considération du profit : il arrive qu'avec le même motif extérieur, cette propension est très-différente suivant les individus ou suivant les pays; elle varie avec le caractère des personnes et avec le degré de civilisation. L'observation de ce qui se passe dans les pays les plus avancés de l'Europe prouve que la disposition à l'économie n'a pas besoin, dans un état de civilisation très-développée, d'être excitée par l'appât d'un profit fort élevé, qu'il suffit au contraire, pour la faire agir, d'un profit même assez bas; qu'au lieu de s'arrêter, l'accumulation semble de nos jours s'effectuer avec plus de rapidité que jamais, de sorte que rien n'indique que la seconde des conditions du développement de la production, l'accroissement du capital, ait une tendance à s'affaiblir. En tant donc que la production dépend dans ses progrès de l'extension du capital, elle est susceptible de s'accroître sans limites assignables. Cela est vrai pour les pays avancés dans la voie de la civilisation matérielle, où la propension à l'épargne est infiniment plus forte que dans les pays encore arriérés. Or, c'est surtout pour les premiers que l'extension de la production est nécessaire, parce que c'est dans ceux-là que la population est la plus nombreuse, et réclame pour ses besoins une plus grande somme de richesses.

La production ne trouvant point de limite dans les bornes assignées à l'accroissement de ses deux premiers éléments, le travail et le capital, cette limite ne pourra résulter que de la nature du troisième des éléments de la production, de la terre.

La terre diffère des deux autres éléments de la production, en ce qu'elle n'est pas susceptible d'un accroissement indéfini. Son étendue est limitée, et le nombre des terres les plus fertiles est surtout fort restreint. Il est évident aussi que la quantité des produits que l'on peut obtenir d'une certaine étendue de terre n'est pas indéfinie. Cette limite, posée par la nature des choses à la quantité des terres et à leur puissance productive, est la véritable cause qui s'oppose à l'accroissement indéfini de la production.

Qu'il y ait là une limite que la production ne peut pas dépasser, c'est ce qui est évident pour tout le monde; mais, comme cette dernière limite n'a été atteinte dans aucun cas; comme il n'y a pas de pays où la culture de toutes les terres capables de fournir des denrées alimentaires ait été poussée si avant qu'on ne puisse encore, même sans progrès nouveaux dans l'art agricole, obtenir un produit plus abondant; comme d'ailleurs une grande portion de la surface de la terre est encore inculte, on s'imagine généralement que, pour le moment présent, la limite de la production dérivant de cette cause n'existe véritablement pas, et qu'il s'écoulera des siècles avant que l'on reconnaisse en pratique la nécessité de tenir sérieusement compte de cette limite. C'est là une des plus graves erreurs qui aient cours au sujet des principes sur lesquels repose la science économique.

La limite imposée à la production par la nature de la terre n'est pas un obstacle immuable, semblable à celui qu'opposerait un mur au pied duquel tout mouvement est subitement arrêté. Il faut plutôt la comparer à un lien doué d'une grande élasticité, qui n'est presque jamais tellement tendu qu'il ne puisse l'être davantage, mais dont la résistance se fait sentir longtemps avant que la dernière limite de la tension ait été atteinte, et dont la résistance est d'autant plus forte qu'on approche davantage de cette limite.

Lorsque l'agriculture est parvenue à un certain point de développement, aussitôt que les hommes se sont livrés à la culture avec quelque énergie, et qu'ils y ont appliqué des instruments un peu perfectionnés, de ce moment la loi de la production agricole, c'est que, avec un même degré de perfection du travail agricole, une plus grande somme de travail n'obtient point un accroissement de produit correspondant; en doublant le travail, on ne double pas le produit; en d'autres termes, pour chaque accroissement de produit il faut un accroissement plus que proportionnel dans la somme de travail appliqué à la terre.

Lorsque, en vue d'obtenir un surplus de produit, on a recours à des terres de qualité inférieure, il est évident que le produit ne peut pas s'accroître dans la même proportion que le travail. Ce qu'on entend par *terre de qualité inférieure*, c'est une terre qui, pour un travail égal, donne un produit moindre. Une terre peut être inférieure, soit en fertilité, soit par sa situation; dans le premier cas, il faut plus de travail pour obtenir le produit; dans le second cas, il en faut davantage pour le transporter au marché.

Au lieu de mettre en culture une terre de qualité inférieure, il serait possible, par une culture plus perfectionnée, c'est-à-dire par une nouvelle application de travail, de faire rendre à la terre de qualité supérieure, cultivée d'abord, un produit plus considérable; mais tout le surplus de produit obtenu dans ce cas coûtera proportionnellement plus cher que le produit obtenu avant cette nouvelle application de travail. Cela résulte évidemment du fait de la mise en culture des terres de qualité inférieure. Des terres d'une fertilité moindre, ou situées à une plus grande distance du marché, donnent pour une même somme de travail un produit moindre; il suit de là que ces terres ne peuvent fournir à une demande plus considérable qu'avec un accroissement dans les frais de production, et par conséquent une augmentation de prix. Si l'on pouvait suffire à l'accroissement de la demande par l'exploitation des terres de qualité supérieure, en y appliquant une somme plus grande de travail et de capital, sans que la nouvelle qualité de produit coûtât plus cher que celle obtenue primitivement, les possesseurs de ces terres de qualité supérieure supplanteraient tous les autres sur le marché et le rempliraient exclusivement de leurs produits. Quant aux terres d'un degré de fertilité moindre ou moins avantageusement situées, personne ne pourrait songer à les exploiter en vue d'en retirer un profit. Or, puisqu'il est de fait que l'on trouve dans leur exploitation un profit suffisant pour y attirer les capitaux, c'est une preuve évidente que la culture sur les terres de qualité supérieure a atteint ce point, passé lequel toute application ultérieure de travail et de capital ne donnerait au plus qu'un produit qui ne serait pas supérieur à celui obtenu, à frais égaux, d'une terre moins fertile ou moins avantageusement située.

A la vérité, des perfectionnements considérables dans les procédés de l'agriculture, par suite desquels la puissance productive du travail agricole serait notablement accrue, suspendraient pour un certain temps cette loi générale de toute production agricole. Mais, dès qu'une nouvelle demande de denrées alimentaires réclamerait un accroissement dans la masse de ces denrées, la loi générale reprendrait son cours, et toutes les augmentations ultérieures réclamées par l'accroissement de la demande ne s'obtiendraient qu'avec une dépense de travail et de capital proportionnellement plus considérable.

Quelles sont les conséquences à tirer de ces principes incontestables de la science économique? Il en résulte que, dans les pays qui ont dépassé l'époque des premiers développements de l'agriculture, chaque augmentation dans la demande des denrées alimentaires, occasionnée par un accroissement de la population, lorsqu'elle ne sera pas accompagnée d'un progrès égal dans la puissance productive du travail agricole, aura pour résultat de diminuer la part qui, dans une bonne répartition de la richesse, serait attribuée à chacun. A moins qu'un pays ne soit en possession d'une grande étendue de terres fertiles, encore inoccupées, ou qu'il ne s'y fasse dans l'agriculture des perfectionnements qui tendent à diminuer le prix des produits, aucun accroissement de production ne pourra être obtenu que par l'application d'une somme de travail proportionnellement plus forte. La population, pour obtenir sa subsistance habituelle, sera obligée, ou bien de travailler plus, ou bien de faire le sacrifice de quelques-unes des choses utiles dont elle jouissait auparavant; si elle ne veut se résoudre à aucun de ces deux sacrifices, elle sera condamnée à se contenter d'une alimentation moins abondante. Lorsque l'on échappe à cette nécessité, c'est grâce à des perfectionnements dans le travail agricole, qui placent la production dans des conditions de progrès continu ; c'est parce que les efforts des hommes, pour rendre leur travail plus productif, luttent constamment avec avantage contre la nature, et parviennent à arracher à ses forces rebelles des ressources nouvelles à mesure que l'humanité absorbe les anciennes.

Par l'effet de cette loi de la production agricole, le prix de toutes les denrées alimentaires haussera en proportion du surcroît de travail nécessaire pour les obtenir des terres les moins fertiles, ou à l'aide des dernières portions de capital appliquées à la terre. Les possesseurs des terrains de qualité supérieure profiteront du monopole que leur assure l'étendue limitée de ces terrains ; afin d'obtenir de leur produit le plus haut prix du marché ; il n'y aura donc qu'un seul prix pour tous les blés, et ce prix, comme tous les autres, sera déterminé par la loi d'offre et de demande. La différence entre le prix de revient d'une certaine portion du produit agricole, et son prix de vente, tournera au profit du propriétaire et constituera la rente foncière. Toute extension dans les produits de la terre, qui ne proviendra pas d'une amélioration dans les procédés de l'agriculture, tournera à l'avantage des propriétaires fonciers, dont la rente s'augmentera, et au détriment des autres classes de la population, qui seront obligées de payer plus cher les denrées alimentaires que leurs besoins réclament.

Cet accroissement dans le prix des blés équivaudra à une diminution dans la puissance productive du travail de toutes les industries. C'est toujours en réalité à la quantité de travail fixée dans les objets que se proportionne la valeur relative de ces objets; il n'y a d'exception que pour le cas de monopole. Nous venons d'établir d'ailleurs que c'est le blé dont la production exige la plus grande quantité de travail qui détermine le prix de tous les blés. Cela posé, admettons qu'un travailleur consacre les quatre cinquièmes du produit du travail d'une journée à acheter des substances alimentaires, et un cinquième à l'acquisition des autres objets nécessaires, et que, dans ces proportions, il jouisse d'une heureuse aisance. Sa situation restera bonne tant que les quatre cinquièmes du travail d'une journée suffiront pour produire le blé nécessaire à son alimentation pendant une journée. Mais supposez que, le nombre des hommes augmentant, il faille produire une quantité additionnelle de blé pour ces nouveaux consommateurs; ce sera le coût de cette nouvelle quantité de blé, ou, en d'autres termes, la somme de travail employée à la créer, qui réglera le prix de tous les blés. Admettons que le surcroît de travail nécessaire pour produire cette quantité additionnelle de blé soit d'un dixième ; alors tous les travailleurs, au lieu de consacrer seulement les quatre cinquièmes du produit du travail d'une journée à l'achat du blé nécessaire à leur consommation, seront forcés d'y consacrer les neuf dixièmes de ce produit, puisqu'il faudra les neuf dixièmes du travail d'une journée pour produire, dans les conditions nouvelles du travail agricole, ce qui équivaut à la consommation d'une journée. L'effet sera donc absolument le même que si la puissance productive du travail de chaque homme s'était trouvée réduite d'un dixième. Les choses étant ainsi, les travailleurs ne pourront plus disposer, pour les objets de leur consommation autres que le blé, que d'une valeur équivalente à un dixième de leur travail ; il y aura donc pour les travailleurs un déficit dans les moyens de vivre provenant de la diminution dans la puissance productive du travail appliqué à la production des céréales. Il faudra, pour se procurer les aliments indispensables à leur subsistance, qu'ils renoncent à une partie des objets utiles qu'ils consommaient auparavant, et qui leur procuraient un degré d'aisance dont ils ne connaîtront plus désormais les douceurs. Jusqu'ici nous avons supposé au travail de tous les ouvriers une valeur intrinsèque égale. Mais, si nous nous replaçons dans la réalité, et si nous admettons que cette valeur varie suivant la qualité du travail, nous reconnaîtrons que l'ouvrier sera obligé de céder, en échange du travail qui lui sera vendu sous forme de denrées alimentaires, une partie de son propre travail, d'autant plus considérable que ce travail aura moins de valeur intrinsèque. Ainsi, pour les dernières classes des travailleurs, pour celles dont le travail n'a qu'une valeur intrinsèque égale au strict nécessaire, toute diminution dans la puissance productive du travail agricole aura pour conséquence la misère avec toutes les souffrances qui l'accompagnent.

Nous nous demandions, en commençant cet exposé des lois suivant lesquelles se développent les forces productives, s'il était possible que la production s'accrût toujours proportionnellement à la population; nous savons maintenant quels obstacles les lois du monde physique opposent à ce développement indéfini des richesses. Pour vaincre ces obstacles, ou du moins pour en reculer l'effet dans un avenir très-éloigné, il faudrait que le génie de l'homme pût apporter aux méthodes de culture des perfectionnements que la nature des choses ne permet guère d'espérer. Nous savons, au contraire, par expérience que les améliorations dans les procédés de l'agriculture ne s'opèrent que lentement, et qu'elles n'augmentent que de peu la puissance productive du travail dans cet ordre. D'ailleurs, aussitôt qu'un progrès notable aurait été accompli dans l'art de la culture, la loi du développement progressif de la population reprendrait son cours; la puissance propagatrice de l'humanité s'exerçant avec une nouvelle intensité, les choses se passeraient, après ce répit d'un moment accordé aux sociétés, comme elles se passaient auparavant, comme elles se passent dans les pays neufs encore; la population prendrait un essor plus vif, de manière à franchir rapidement tout l'espace ouvert devant elle par les progrès du travail agricole.

L'admission des blés à plus bas prix tirés des pays étrangers équivaut à un perfectionnement dans la culture, qui permettrait de vendre le blé avec une réduction de prix équivalente; dans les deux cas, il y a accroissement dans la puissance productive du travail. Avant l'admission des blés étrangers, on obtenait une certaine quantité de denrées alimentaires pour une somme donnée de travail appliquée à la culture; lorsque les blés étrangers sont reçus, on obtient une plus grande quantité de denrées alimentaires pour la même somme de travail appliquée à produire les choses données en échange des blés importés; dans les deux cas, on ramène en arrière le mouvement de décroissance dans la puissance productive du travail; mais, dans les deux cas, il reprend immédiatement son cours: le flot qui s'était abaissé recommence aussitôt à monter. Il semble, au premier abord, que lorsqu'un pays peut tirer son supplément d'approvisionnement en denrées alimentaires de toute la portion habitable du globe, l'effet produit sur un pareil marché, par l'accroissement de la population dans un petit coin du monde, doit être si peu sensible, que les habitants d'un pays pourraient doubler ou tripler leur nombre sans ressentir, en aucune façon, les effets de la difficulté croissante de produire le blé, et sans provoquer par le monde aucun renchérissement des denrées alimentaires. Mais, en raisonnant ainsi, on néglige plusieurs considérations importantes.

D'abord les pays étrangers d'où l'on importe le blé ne comprennent pas tout le globe, mais seulement les lieux situés dans le voisinage des côtes ou des rivières navigables. Les côtes sont presque partout la partie du pays où la population se fixe d'abord et s'accumule le plus rapidement; rarement elles présentent un surplus de produit agricole. Les seules terres d'où l'on pourra exporter des blés seront celles situées sur les bords de quelques rivières navigables, comme le Nil, la Vistule ou le Mississipi. Or, ces terres ne sont pas en assez grand nombre dans les régions fertiles pour qu'elles puissent suffire, durant un temps indéfini, à une demande toujours croissante sans que l'on soit obligé de tendre tous les ressorts de la production agricole. Quant à obtenir un supplément d'approvisionnement un peu important de l'intérieur des terres, dans l'état présent des communications, c'est chose impossible. A l'aide de routes meilleures, et, plus tard, par des canaux et des chemins de fer, l'obstacle est susceptible d'être tellement réduit, qu'on peut le considérer comme n'étant pas insurmontable. Mais c'est là un progrès qui, dans toutes les contrées d'où l'on exporte les blés, sauf l'Amérique, ne s'accomplit que très-lentement, tellement qu'il ne pourrait se proportionner à l'accroissement de la population que dans le cas où celle-ci serait contenue par une force suffisamment efficace.

En outre, quand même on pourrait tirer du blé de toute la surface du globe, au lieu de recourir seulement à quelques contrées, ce qu'on en pourrait tirer sans augmentation dans les frais de production ne serait qu'une quantité assez limitée. Dans les pays où le capital s'accroît rapidement, comme aux États-Unis d'Amérique, la production agricole peut, à l'aide du capital, recevoir une rapide extension; mais, dans ces contrées, la population s'accroît avec une rapidité extraordinaire, il faut donc que leur agriculture fournisse aux besoins toujours croissants du pays aussi bien qu'aux besoins de l'étranger. Le temps viendra donc bientôt où l'on sera forcé de recourir, dans ces pays, à la culture de terres moins fertiles ou moins avantageusement situées, et, par conséquent, à des modes de culture qui, comme ceux des pays anciennement civilisés, rapportent moins proportionnellement aux frais d'exploitation.

Mais les pays qui produisent le blé à bas prix, en même temps qu'ils jouissent d'une grande prospérité industrielle, sont peu nombreux. Parmi les contrées anciennement peuplées, celles qui exportent du blé ne le peuvent faire qu'en raison de l'état arriéré de leur industrie, parce que le capital et la population ne s'y sont jamais accrus assez pour faire hausser le prix des produits agricoles. Telles sont la Russie, la Pologne et la Hongrie. Dans ces contrées, le désir de se former un fonds par l'épargne est généralement faible, les arts de la production sont très-imparfaits, le capital est restreint, et il ne s'accroît à l'aide des ressources indigènes que très-lentement. Si une nouvelle demande de blé était faite à ces pays, ce ne serait que graduellement que la production pourrait s'étendre assez pour y suffire. Le capital que réclamerait cet accroissement dans la production ne pourrait pas être trouvé dans le pays même, qui ne possède pas d'exploitation industrielle d'où l'on pourrait retirer des fonds pour les appliquer à l'extension de la production agricole. Pour obtenir en peu de temps une quantité plus considérable de denrées alimentaires des contrées placées dans ces conditions, il faudrait que la nation qui en fait la demande fournît les capitaux nécessaires pour la produire. Mais ce passage des capitaux d'un pays dans un autre est entouré de difficultés qui le rendent trop désavantageux pour qu'il s'effectue dans de larges proportions. La différence du langage et des mœurs, mille obstacles naissant des institutions et des relations sociales s'y opposent ; et, après tout, cette émigration des capitaux fût-elle possible, elle aurait pour résultat de stimuler tellement l'accroissement de la population dans les lieux où elle répandrait l'activité productrice, que la plus grande partie du blé obtenu à l'aide du capital importé serait consommé sans sortir du pays. Pour accroître le capital par les ressources du pays même, il faudrait commencer par donner une vive impulsion aux progrès matériels de la nation ; mais ce progrès ne s'accomplit pas tout d'un coup, il y faut du temps, et avant qu'il fût très-avancé, la population aurait pu se développer aussi bien dans le pays qui produit les blés que dans celui qui les demande ; de telle façon que la production agricole plus considérable que ce progrès aurait provoquée n'empêcherait en aucune manière la hausse dans le prix du blé. Nous pouvons donc affirmer que la loi en vertu de laquelle le travail devient d'autant moins productif que la population devance davantage les progrès dans l'art de la culture, est applicable, non-seulement aux pays qui tirent leur subsistance de leur propre sol, mais qu'elle s'applique avec la même force à ceux qui vont chercher les objets d'alimentation dont ils ont besoin dans tous les coins du globe (1).

Il est une mesure qui a paru offrir un remède aux embarras que cause à un pays une population qui dépasse les forces productrices de l'industrie agricole : c'est l'émigration. Mais pour les pays qui ne sont pas placés dans les conditions où se trouvent les États-Unis, qui ne possèdent pas comme eux sur leur propre territoire de vastes étendues de terrains à défricher, et dont les populations n'ont pas, comme celles de l'Amérique du Nord, des instincts qui les poussent à l'émigration, pour ces pays l'émigration est véritablement impraticable. Pour qu'elle eût des effets sensibles sur la situation du peuple, il faudrait qu'elle se pratiquât dans de grandes proportions. Or, les individus disposés à émigrer étant d'ordinaire les plus pauvres, incapables, par conséquent, de faire par eux-

(1) Voyez Mill, *Principles of political economy*, vol. I, pag. 230.

mêmes les frais de leur émigration; il faudrait que ce fût l'État qui s'en chargeât. Pour un nombre d'émigrants un peu considérable, ces frais seraient si élevés qu'ils absorberaient, par la surcharge imposée aux contribuables, les avantages momentanés produits par l'émigration. En outre, dans la plupart des cas, l'émigration sera désastreuse pour les émigrants, qui souvent trouveront, dans les pays lointains où ils iront porter leur misère, des souffrances plus cruelles que celles qu'ils fuient. Toute émigration humaine, raisonnable, suppose des conditions qui peuvent rarement se réaliser : un climat sain, des terres fertiles et des capitaux suffisants; et lors même que ces conditions essentielles sont assurées, il reste encore les effets trop souvent désastreux d'un brusque changement de patrie, de climat, d'habitudes, de nourriture.

D'ailleurs, comme l'a fort bien montré un économiste dont on ne saurait trop déplorer la perte récente, l'illustre et infortuné Rossi, l'émigration, fût-elle la chose la plus simple et la plus facile, ne ferait cependant que reculer la difficulté. Quand toutes les landes et tous les steppes de la France et de l'Europe seraient peuplés de millions d'hommes; quand de nombreux habitants auraient été s'établir à la Nouvelle-Galles et à la Nouvelle-Zélande, dans les plaines de l'Amérique et dans les Pampas; en un mot, quand le globe serait couvert d'autant d'hommes qu'il en peut nourrir, en contenir si l'on veut, certes la question pratique se représenterait alors dans toute sa force. Mais la science n'attend pas, pour reconnaître la vérité de ses principes, que toutes ses prévisions s'accomplissent. S'il était démontré, avec la même certitude qu'on prévoit une éclipse, que d'ici à deux mille ans une énorme comète viendra se heurter contre la terre, que penseraient les savants de celui qui, vu la longueur du délai, se moquerait des principes de la science et des prévisions de l'astronome (1)? Il ne faudrait point attendre un terme si long pour que, le progrès de la population reprenant son cours, le pays auquel l'émigration aurait procuré un soulagement d'un instant retombât dans toutes les difficultés auxquelles il avait tenté de se soustraire. L'amélioration du sort des classes inférieures déterminera un plus grand nombre de mariages, les enfants qui en naîtront placés, grâce à l'aisance de leurs parents, dans des conditions hygiéniques meilleures, auront une vie moyenne plus longue, et la population aura bientôt atteint cette limite imposée à ses progrès par la puissance décroissante du travail agricole.

Les choses étant ainsi, nous pouvons affirmer

(1) Rossi, *Cours d'économie politique*, t. I, p. 306.

efficacement à la plus impétueuse des propensions de l'homme déchu.

L'école anglaise tout entière, fidèle à sa doctrine, fait appel à l'amour du bien-être et à la crainte de le voir compromis par l'accroissement immodéré de la population. Les ouvrages les plus récents et les plus estimés sur la question de la misère, et les écrits des économistes les plus renommés de notre temps, nous offrent l'application rigoureusement logique du principe du développement indéfini des besoins au problème de la population. Nous en trouverons d'abord la preuve dans un ouvrage que nous avons déjà cité, les *Recherches sur l'indigence, de M. Clément.* L'auteur avance d'abord que c'est dans l'extension de la prévoyance, en ce qui concerne les effets de l'accroissement inopportun des familles, que réside le seul remède efficace aux maux qu'entraîne inévitablement l'excès de la population. En cela il ne fait que reproduire la doctrine de Malthus. Mais il remarque avec raison qu'il ne suffit pas de recommander aux pauvres l'abstinence du mariage, parce qu'il est d'observation qu'une habitude trop générale du célibat entraîne presque toujours l'accroissement des naissances d'enfants illégitimes. Après cela il ajoute : « Il serait bien, sans doute, que les mariages ne fussent contractés qu'après que les époux se seraient assuré des moyens de pour-

souveraineté morale pour suivre aveuglément les impulsions de sa nature physique, il subira la condition des êtres dont l'instinct est la seule loi, il tombera sous l'action de l'obstacle répressif; la misère, et tous les maux qui la suivent, imposeront au développement de l'espèce des bornes que l'abstinence volontaire n'a point su lui fixer. Il est donc évident que tout principe social vrai doit contenir en soi une force capable de renfermer, dans leurs limites naturelles, les générations humaines qui tendent constamment à les outre-passer. C'est là une nécessité sociale, et tout principe qui n'y répondrait pas serait par là même reconnu impuissant et convaincu d'erreur.

Jusqu'ici toutes les opinions sont d'accord, ou bien l'homme renoncera à l'entière satisfaction de ses penchants, ou bien il souffrira tous les maux qu'engendre la misère; cela est incontestable et incontesté. Mais au nom de quel principe faut-il l'amener à se faire cette salutaire violence? Là commence le dissentiment. Les uns réclament ce sacrifice au nom de l'intérêt bien entendu et de la morale du bien-être. Les autres, et nous sommes de ceux-là, croient que le principe du renoncement à soi-même et à ses inclinations naturelles, en un mot le principe de la mortification chrétienne, peut seul commander efficacement à la plus impétueuse des propensions de l'homme déchu.

L'école anglaise tout entière, fidèle à sa doctrine, fait appel à l'amour du bien-être et à la crainte de le voir compromis par l'accroissement immodéré de la population. Les ouvrages les plus récents et les plus estimés sur la question de la misère, et les écrits des économistes les plus renommés de notre temps, nous offrent l'application rigoureusement logique du principe du développement indéfini des besoins au problème de la population. Nous en trouverons d'abord la preuve dans un ouvrage que nous avons déjà cité, les *Recherches sur l'indigence, de M. Clément*. L'auteur avance d'abord que c'est dans l'extension de la prévoyance, en ce qui concerne les effets de l'accroissement inopportun des familles, que réside le seul remède efficace aux maux qu'entraîne inévitablement l'excès de la population. En cela il ne fait que reproduire la doctrine de Malthus. Mais il remarque avec raison qu'il ne suffit pas de recommander aux pauvres l'abstinence du mariage, parce qu'il est d'observation qu'une habitude trop générale du célibat entraîne presque toujours l'accroissement des naissances d'enfants illégitimes. Après cela il ajoute : « Il serait bien, sans doute, que les mariages ne fussent contractés qu'après que les époux se seraient assuré des moyens de pourvoir à leur propre existence et d'élever au moins deux enfants; mais cette réserve, si elle pouvait devenir générale, ne serait avantageuse qu'autant qu'il n'en résulterait aucun désordre, et c'est ce que l'expérience ne permet pas d'espérer. Ce n'est donc pas l'abstinence du mariage qu'il faudrait recommander aux classes salariées, mais bien le soin de rendre leurs unions moins fécondes. Il serait facile, quoi qu'on en ait dit, de leur faire comprendre que leur bien-être est lié à la retenue qu'elles s'imposeront à cet égard, qu'elles ne peuvent croître en nombre dans une proportion plus forte que les moyens de production, sans entraîner l'abaissement des salaires, et sans rendre leur condition misérable. C'est là une vérité si simple, si évidente, et elle se manifeste si fréquemment par les faits, que nul ne la méconnaîtrait, si d'anciens préjugés, nés dans les siècles d'ignorance, ne tendaient à l'obscurcir aux yeux des personnes peu habituées à la réflexion, et si surtout la sanction religieuse n'était venue prêter un puissant appui à ces malheureuses erreurs. Les recommandations qui tendent à anéantir toute prudence en ce qui concerne l'accroissement inopportun de la population ont pour conséquence forcée l'extension de la misère, et il ne devrait pas être permis d'enseigner qu'elles sont conformes aux vues de la Providence.

« Il n'appartient qu'aux espèces animales privées de raison de multiplier aveuglément et sans prévoyance des résultats. N'est-il pas évident que Dieu, en rendant l'homme capable de cette prévoyance, a voulu qu'il en fît usage; et n'est-ce pas blasphémer que d'affirmer qu'il ne permet d'opposer aux excès de la population que la misère, les souffrances et la mort? »

En vérité, nous hésitons à donner à ces paroles la seule signification que comporte la logique, la seule qui malheureusement s'accorde avec les principes hautement avoués de l'auteur. Nous voudrions avoir mal compris, tant il y a là un triste oubli des plus saintes lois de la conscience, ainsi que de la dignité d'une créature faite à l'image de Dieu. Telle est la profondeur de l'abîme où se précipitent les hommes qui cherchent les voies de la société hors de la loi chrétienne. Ils se flattent de changer la destinée humaine; ils croient avoir trouvé le secret d'assurer à tous la paisible possession des incertaines jouissances de cette vie, et, tandis qu'ils se bercent de ce fol espoir, leurs rêves coupables ne vont à rien moins qu'à compromettre l'existence de l'humanité dans les sources mêmes de sa vie (1).

(1) Dans un passage des *Contradictions économiques,* que le cynisme du langage nous empêche de reproduire,

Ici, la philosophie du bien-être conduit à des conclusions profondément déplorables; chez d'autres écrivains, il y a moins à blâmer au point de vue de la morale, mais il y a plus à reprendre au point de vue du bon sens. Chez ces derniers, on s'inquiète peu des faits constants de la vie humaine, on tient comme réalités des conceptions vaines imaginées pour justifier des principes que repoussent les instincts profonds et universels de l'humanité.

Un ouvrage publié il n'y a pas longtemps en Angleterre, et qui a attiré l'attention des économistes de ce pays, celui de M. Thornton, sur la surabondance de la population, nous offre un exemple de ce mépris des plus vulgaires données de l'expérience où conduit inévitablement une théorie en contradiction avec les conditions essentielles de la vie sociale. M. Thornton appartient aussi à l'école des économistes sensualistes, et il a tiré, sans hésitation, les dernières conséquences de la doctrine qu'il a embrassée en ce qui touche les embarras où sont jetées les sociétés chez lesquelles la population tend à dépasser ses limites naturelles.

M. Proudhon démontre, avec une grande force, que, si l'on admettait la manière de résoudre le problème à laquelle M. Clément fait allusion, on détruirait la famille, et avec elle la société tout entière. Voyez *Système des contradictions économiques*, t. II, p. 449.

On peut dire que son livre est le dernier mot de l'économie politique anglaise sur les difficultés capitales que présente le problème de la misère. En voici quelques extraits où l'on trouve en résumé la pensée qui fait le fond de tout l'ouvrage. Après avoir établi, avec Malthus, que la population a une tendance à dépasser les moyens de subsistance; après avoir reconnu la nécessité d'une force agissant assez énergiquement sur les volontés pour contre-balancer et arrêter cette tendance, il se demande quels sont les motifs capables d'empêcher les hommes de se livrer au penchant qu'ils éprouvent naturellement pour le mariage, et comment il se fait que ces mêmes motifs n'aient point partout le même degré d'efficacité. Sur ces questions il s'exprime ainsi :

« Chez un peuple où chacun possède toute sa liberté d'action, ces motifs ne peuvent être autres que la crainte des conséquences qui résultent fréquemment d'un mariage imprudent. On prévoit que le soin d'une famille puisse exiger le sacrifice d'une partie de l'aisance dont on est accoutumé de jouir, ou qu'il puisse mettre dans l'impossibilité de conserver après le mariage la position sociale que l'on occupait auparavant. Cette dernière considération est peut-être la plus puissante de toutes; du moins agit-elle lorsque les autres exercent peu d'empire.... Ces motifs ont, pour détourner du mariage chez les classes élevées, une telle puissance, que, si le monde était habité seulement par des propriétaires, il arriverait probablement bientôt, comme on l'a remarqué, qu'il serait dépeuplé par suite de l'extinction naturelle de l'espèce. Ils ont un peu moins d'influence sur les autres classes, non qu'ils soient moins sentis, mais parce que, dans les classes moyennes et inférieures, les avantages sociaux ne se perdent pas aussi irrévocablement que dans les classes supérieures... Cependant, les considérations de prudence dont nous parlons, bien qu'affaiblies dans certains cas, conservent encore suffisamment de puissance dans toutes les conditions de la vie, excepté dans celles qui sont placées si bas, qu'il est impossible de descendre au-dessous. Dans de telles conditions, les considérations de prudence n'ont plus absolument aucun empire. Un misérable presque mourant de faim, qui n'a pour se couvrir que des haillons, pour abriter son sommeil qu'une cabane en ruine, sent fort bien que si ses habits sont deux fois plus déchirés qu'auparavant, le toit de son hangar deux fois plus délabré, cela ne lui attirera pas plus de mépris, mais que peut-être il excitera par là plus de pitié. D'ailleurs l'absence de tout point d'honneur, quant à sa position vis-à-vis des autres hommes, n'est pas, comme on pourrait le croire, compensée par une appréhension plus vive des inconvénients plus réels de la pauvreté; au contraire, il semble que plus un homme est misérable, et moins il craint d'accroître sa misère.

« Un homme qui vit dans l'aisance hésiterait, s'il fallait risquer quelques-unes des choses qui constituent son bien-être; mais un homme tout à fait pauvre n'a rien à perdre de ce côté-là... Peut-être serait-il disposé à s'abstenir de satisfaire ses inclinations, s'il y voyait quelque chance d'améliorer sa condition; mais, s'il n'a pas cette espérance, l'avantage présent peut lui paraître aussi digne d'être saisi que tout autre avantage qui pourrait s'offrir dans l'avenir. Il se peut même qu'il se persuade qu'il est bon pour lui de se marier de bonne heure, afin que ses fils puissent l'assister dans ses vieux jours; tandis qu'autrement il se trouverait dénué de tout secours. C'est ainsi qu'il pourra raisonner, si toutefois il raisonne; mais ce qui est plus probable, c'est que la misère lui aura ôté à la fois la réflexion et le souci de ses propres intérêts. En présence d'une si sombre perspective, il fermera les yeux sur l'avenir, et, soucieux seulement du présent, il saisira avidement tous les moyens d'alléger ses peines, sans considérer ce qu'ils pourront lui coûter. Quoi qu'il en soit, il est certain que les motifs de prudence qui constituent le seul obstacle volontaire au mariage, et qui parfois exercent une influence même trop grande sur les riches, sont absolument impuissants sur les classes tout à fait pauvres. On a souvent observé que les familles très-riches atteignent rarement une très-longue durée, et que, généralement, elles s'éteignent au bout de peu de générations; tandis que, lorsque les classes inférieures de la société sont en proie à une misère profonde et permanente, leur nombre s'accroît presque invariablement jusqu'à l'extrême limite marquée par les moyens de subsistance.

« Ainsi la misère, effet inévitable et indice de la surabondance de la population, paraît être aussi la principale cause de ses progrès. La misère semble, dans le fait, être la seule circonstance qui occasionne un accroissement excessif dans la population, excepté toutefois le cas où les hommes étant placés dans une situation telle qu'ils ne peuvent pas apprécier exactement la somme de travail offerte à leur activité, ils s'exagèrent leurs moyens de subsistance; ou bien encore le cas où quelque mesure politique, telle que la taxe des pauvres, les encourage à former des familles qu'ils n'ont pas le moyen de soutenir par eux-mêmes. A ces exceptions près, on trouvera, je pense, que, partout où la population a reçu une impulsion exagérée, le peuple a d'abord été porté par la misère à abandonner le soin de son propre bien-être (1). »

Ici l'auteur, dans le but de prouver sa théorie par les faits, parcourt les divers états de société par lesquels passent les peuples, et il s'efforce de remonter aux causes qui ont pu produire la misère dont il constate l'existence chez certaines nations et aux causes qui ont maintenu d'autres nations dans un état constant de prospérité. Après avoir examiné la position des paysans dans différentes contrées de l'Europe, il conclut en ces termes :

« La conséquence à tirer de cette rapide esquisse de l'histoire de la société dans les pays que nous avons mentionnés, c'est que la condition primitivement heureuse des habitants de la campagne a été la cause même par laquelle cette condition favorable s'est perpétuée; que, dans ces pays, le peuple est maintenant dans l'aisance, parce qu'il n'a jamais été autrement et parce que le désir de conserver cette situation avantageuse l'a empêché de s'accroître en nombre au delà de ce que les ressources du pays peuvent entretenir. »

Telle est la théorie que M. Thornton reproduit perpétuellement. On peut dire que c'est la

(1) *Over-Population and its remedy*, by W. Th. Thornton, in-8°. London, 1846, p. 118.

dernière expression du système du développement indéfini des besoins appliqué à la théorie de la population. C'est par des raisons tirées de l'ordre purement matériel, par l'envie d'augmenter son bien-être, par la crainte de le compromettre, en un mot, par les calculs de l'intérêt bien entendu que l'on prétend gouverner celle de toutes les passions de l'homme qui raisonne et calcule le moins. Du reste, cette solution étrange du problème de la population n'appartient pas en propre à M. Thornton; on peut dire qu'elle est admise par tous les économistes de l'école anglaise, qui la professent d'une manière plus ou moins explicite. Elle était déjà au fond des doctrines de Malthus, dont la définition de la contrainte morale et les conseils qu'il donne aux ouvriers impliquent la seule considération des jouissances matérielles; M. Thornton ne présente lui-même sa théorie que comme le complément du principe établi par Malthus.

« Durant le cours de deux gros volumes, Malthus a accumulé les preuves d'une vérité qu'aucun homme raisonnable ne conteste, à savoir: la nécessité de s'abstenir du mariage dans certaines circonstances; mais il a négligé de montrer comment les hommes pourraient être amenés à s'imposer cette privation. Il paraît compter entièrement sur l'éducation; il paraît croire qu'il serait possible de persuader au peuple de mettre un frein à sa propension pour le mariage, en lui faisant voir clairement les fâcheuses conséquences de sa trop grande facilité à contracter cette union. Il néglige, ou il n'apprécie pas suivant son importance, la tendance de la propriété à engendrer la prudence; et il paraît même croire que cette qualité ne se rencontre guère chez les individus de la classe ouvrière, si ce n'est sous le coup de la misère. S'il n'a pas explicitement professé ces idées, du moins il n'a jamais dit clairement le contraire, et c'est cette lacune dans ses écrits que le présent essai a pour objet de combler. Nous avons déjà tenté de montrer que la misère rend les hommes imprévoyants aussi bien quant au mariage que quant aux autres choses, et que, pour les rendre prévoyants, il faut, avant tout, leur donner l'aisance, de telle sorte que la conservation de cette aisance sera subordonnée à la conduite qu'ils tiendront. Nous avons dit que l'indigence, indice constant de la surabondance de la population, est également ce qui, plus que toute autre chose, l'entretient et l'accroît. Si cette manière de voir est juste, il sera vrai de dire qu'un remède permanent à la surabondance de la population se trouvera dans tous les moyens qui tireront les classes ouvrières de la pauvreté où elles sont plongées, et qui leur fourniront les moyens de pourvoir elles-mêmes à leur entretien. »

Certes le procédé est simple et d'application facile. Il y a trop de travailleurs; l'offre surabondante du travail en rabaisse le prix; la demande excessive des choses d'alimentation en fait monter la valeur, tellement que l'ouvrier, après s'être procuré sa nourriture, n'a plus assez pour ses autres besoins. Rien de plus aisé : augmentez le bien-être des travailleurs, et leur nombre rentrera dans ses limites naturelles. Mais, dira-t-on, le moyen d'accroître le bien-être afin de parvenir à réduire le nombre, s'il faut pour cela avant tout augmenter le salaire, et si cela ne se peut faire qu'en diminuant la quantité des bras? A cela on ne fait guère de réponse, et nous ne sachions pas qu'on en puisse faire de plausible.

Tous les économistes de l'école anglaise n'ont pas énoncé avec autant de candeur les conclusions où conduit leur principe, mais ils ont admis le principe même. Nous le trouvons formulé de la manière la plus claire dans l'ouvrage de M. Mill, que nous avons déjà eu occasion de citer plus haut (1). Nous le rencontrons encore énoncé avec la plus grande netteté dans les écrits de M. Senior, sans contredit l'un des économistes les plus marquants que possède actuel-

(1) *Principles of political economy*, vol. I, p. 189, 442 et suiv.

lement l'Angleterre. Voici comment il s'exprime à cet égard dans l'*Encyclopædia metropolitana*, à l'article *Économie politique*, où se trouvent résumés, avec une éminente supériorité, les principes fondamentaux de la science économique :

« Nous ne courons pas risque de nous égarer, si, en considérant les obstacles préventifs à l'accroissement de la population, nous concentrons toute notre attention sur l'obstacle provenant de la prudence et si nous admettons que, de même que le mal physique peut seul directement et immédiatement réduire la longévité de l'humanité, de même rien ne peut prévenir sa fécondité, si ce n'est la crainte de manquer de quelques-unes des choses qui constituent la richesse. Mais, quoique la crainte de manquer de quelques-unes des choses qui constituent la richesse soit en réalité le seul obstacle préventif à l'accroissement de la population, il est évident que la crainte d'être privé de ces choses agit sur les hommes d'une manière très-différente, et même que la crainte de manquer d'un même objet affectera différemment les individus appartenant à des classes différentes de la société........ Chez toutes les classes, l'obstacle provenant de la crainte de manquer des choses purement de luxe n'est jamais que peu important. Les motifs, nous devrions plutôt dire les *instincts*, qui portent les hommes au mariage, sont trop puissants pour être efficacement contenus par la crainte de perdre des avantages qui ne tiennent pas à la santé ou à la position sociale. L'accroissement de la population n'est pas non plus retardé par la crainte de manquer des choses de pure nécessité. Dans des pays comparativement peu civilisés, où, comme nous l'avons déjà vu, le besoin de ces choses se fait fréquemment sentir, l'obstacle préventif exerce très-peu d'action. Dans cette situation, les hommes aperçoivent le danger, mais ils n'ont ni assez de prudence, ni assez d'abnégation, pour en tenir compte dans leurs déterminations. D'ailleurs, parmi les nations où la civilisation est assez avancée pour que les individus s'y déterminent par des motifs de cet ordre, le danger de voir une personne, ou la famille qu'elle formera, périr de misère paraît trop éloigné pour qu'il puisse agir d'une manière générale sur la conduite des hommes.

« Le véritable obstacle préventif est la crainte de perdre les choses que les convenances rendent nécessaires à chaque position sociale, ou, ce qui revient à peu près au même, l'espoir de se mettre à même, par les économies d'un célibat prolongé, de se procurer les choses qui donnent à leurs possesseurs un rang social plus élevé..... L'habitude de la prudence dans le fait de contracter mariage, et l'habitude d'une consommation considérable en choses superflues, fournissent le seul préservatif contre cet état où la population est si fort pressée contre la limite des moyens de subsistance, qu'elle est continuellement exposée à subir tous les maux qu'entraîne l'action des obstacles positifs. Comme les habitudes de prudence ne se rencontrent que dans les sociétés civilisées, et les habitudes de consommations superflues seulement dans les sociétés opulentes, il paraît également clair qu'à mesure qu'une nation avancera dans les voies de la civilisation et de la richesse, l'obstacle positif cédera vraisemblablement devant l'obstacle préventif. S'il en est ainsi, le danger d'une population surabondante, ou, pour parler en termes plus intelligibles, d'une population trop nombreuse pour être complétement et régulièrement fournie des choses nécessaires, ce danger diminuera probablement par le cours du progrès de la société. A mesure que la richesse s'accroît, ce qui était luxe pour une génération n'est plus compté par la génération suivante que parmi les choses de convenance. On voit se répandre de plus en plus, non-seulement le désir d'une quantité plus considérable de choses réellement utiles et de ces choses que les convenances sociales assignent à chaque rang, mais encore on voit croître en même temps le sentiment de l'infériorité où l'on se trouve placé par le manque de ces choses. L'augmentation survenue sous beaucoup de rapports dans la puissance productive du travail permet à un nombre d'hommes plus considérable de jouir d'une aisance plus grande. Ainsi, la marche des choses la plus avantageuse aux sociétés, et celle aussi qui paraît être la plus naturelle, c'est que l'augmentation dans l'aisance non-seulement accompagne, mais plutôt devance l'accroissement du nombre des hommes. »

Rien de plus conséquent que ce système. Le principe du développement indéfini des besoins est, suivant l'école anglaise, le fait générateur de tout le mouvement économique. Il faut bien alors que ce principe réponde à toutes les difficultés qui surgissent dans cet ordre de relations. Or, de toutes ces difficultés, la plus grave est celle qui naît des rapports de la population avec les subsistances ; il est donc de toute nécessité, si le principe est vrai, qu'il renferme en soi cette force qui, de l'aveu de tous, est indispensable pour maintenir l'équilibre, vital pour la société, entre le nombre des hommes et leurs ressources alimentaires. Lorsque M. Senior croit voir dans sa théorie de l'obstacle préventif, dérivant de l'intérêt bien entendu, la consécration d'une loi naturelle, en vertu de laquelle l'aisance générale n'est que la conséquence du cours normal et régulier des choses, sous l'action du principe moteur et régulateur de l'ordre social ; lorsqu'il établit ainsi une corrélation intime entre la donnée primitive de toute sa théorie et l'avantage qui doit naturellement sortir de l'application de cette donnée aux faits, il témoigne d'un sentiment profondément vrai des conditions essentielles de tout principe qui aspire à posséder et à régir les sociétés. Mais aussi, c'est précisément lorsqu'on envisage ainsi son principe social, qu'on en peut tout d'abord reconnaître l'inanité. Jamais théorie n'a fait aux sociétés de plus magnifiques promesses, et jamais non plus les faits n'ont donné à ces promesses un plus cruel démenti. Si d'abord on considère la valeur d'application des principes, on les trouvera en opposition constante avec les faits établis par l'expérience la plus vulgaire. On croit avoir tout fait, quand, par des considérations d'intérêt bien entendu, on aura déterminé un certain nombre d'hommes à renoncer aux avantages de la famille; mais on oublie que ce n'est rien encore, si ceux qui font ce sacrifice ne se soumettent pas rigoureusement aux obligations morales du célibat. On oublie qu'il y a entre tous les actes qui procèdent de la volonté une étroite solidarité, et que des hommes auxquels la morale du bien-être aura donné carrière pour la satisfaction indéfinie de leur amour des jouissances matérielles, ne trouveront en eux ni l'envie, ni la force de s'imposer la retenue sans laquelle le célibat, au lieu d'être un remède aux maux des sociétés, ne serait qu'un mal de plus. Dans une société qui aurait pour principe le développement indéfini des besoins et des jouissances, le célibat aurait pour unique effet de substituer à des unions légitimes le libertinage avec ses déplorables suites, et de donner ainsi naissance à une classe d'hommes placés hors des conditions normales de la vie sociale, n'ayant reçu, la plupart du temps, d'autre éducation que celle du vice et n'ayant, pour les retenir, aucun de ces puissants liens que forment l'honneur et l'affection, et qui, en l'absence de mobiles plus élevés, aident à maintenir les hommes dans la ligne du devoir. Qu'est-ce d'ailleurs que cette assertion de M. Thornton, que, plus les classes inférieures auront d'aisance, moins elles seront portées à augmenter leur nombre par des mariages précoces? Ce n'est là qu'une pure hypothèse contredite par l'observation des faits de chaque jour. N'est-il pas, en effet, constant que, dans tous les pays où les classes inférieures sont dans une situation prospère, la population suit une progression ascendante très-rapide? N'est-ce pas en outre un fait également certain que, dans les temps de prospérité industrielle, les mariages sont plus nombreux parmi la classe ouvrière qu'aux époques où l'industrie n'offre plus aux travailleurs des salaires aussi élevés? C'est une remarque qui a déjà été faite par un profond et scrupuleux observateur, M. Villermé, dans son travail si justement estimé : *De l'État physique et moral des ouvriers* (1). Et après tout, la thèse de M. Thornton fût-elle vraie, elle tomberait sous le coup des reproches que nous avons adressés à la théorie de M. Senior, avec laquelle elle est au fond identique. M. Thornton a été plus loin que M. Senior, en ce qu'il a essayé de donner la preuve historique du principe qu'il posait; mais il n'est pas un seul des faits rapportés à l'appui de ses idées qui établissent péremptoirement le seul point qui puisse être concluant dans la question, savoir : que la surabondance de population ne se soit jamais produite qu'après que la misère avait déjà, par suite d'autres circonstances, fait invasion dans la société; de sorte que l'on puisse dire, en thèse générale, que la surabondance de population est l'effet et non la cause de la misère. Ce qu'il y a de vrai, c'est que les faits d'où procède la misère sont complexes; parmi les causes générales qui engendrent cette plaie sociale, une des plus actives, c'est la tendance de la population à dépasser les moyens de subsistance. La plupart du temps, et de nos jours surtout, c'est là qu'est la source

(1) T. I, p. 53.

du mal. D'autres fois, c'est d'abord quelque changement brusque dans les relations économiques qui trouble tout à coup le rapport de l'offre à la demande pour le travail et qui prive ainsi la classe ouvrière de ses ressources habituelles et indispensables. Alors la population devient surabondante par le manque de travail, et dans ce cas il est souvent très-difficile de la faire rentrer de longtemps dans les limites que comporte l'état nouveau des choses. Il arrive fréquemment aussi, par une réaction naturelle de l'effet sur la cause, que la misère, produite d'abord par le développement trop rapide de la population, contribue à son tour à accélérer ce développement par la dégradation où elle plonge une partie des classes inférieures, et par l'espèce d'indifférence où les jette l'excès des privations qu'elles endurent. Mais ce n'est là qu'un accident dont il est impossible de faire une règle générale ; si on le tentait, on aboutirait aux conséquences plus qu'étranges que nous avons rencontrées dans l'ouvrage de M. Thornton.

CHAPITRE III.

Des conséquences pratiques du principe du développement indéfini des besoins.

Que peut-on attendre en pratique de ces théories où domine un sensualisme si prononcé? A quoi aboutira dans la vie cet oubli des destinées élevées, des fins divines de l'humanité, cet amour de l'utile par-dessus tout, cette poursuite effrénée du bien-être? La réponse n'est que trop claire; elle est partout, dans les livres, dans les faits; dans le malaise qui travaille notre temps, dans cet ébranlement universel qui atteste quelque perturbation dans les profondeurs mêmes du monde social. Au lieu de cette prospérité inouïe, toujours croissante, à laquelle on se croyait près d'atteindre, on n'a rencontré que le paupérisme, c'est-à-dire la misère avec un caractère de généralité, une tendance à s'étendre toujours qu'elle n'avait point dans les temps antérieurs, tellement qu'il a fallu emprunter à l'Angleterre un mot pour exprimer cette calamité nouvelle pour laquelle notre langue n'avait point de nom.

Un des traits les plus frappants de notre situation économique, c'est que la misère n'est plus comme autrefois le résultat de causes accidentelles, exerçant leur action seulement à certaines époques et dans certains lieux. La misère, de nos jours, procède de causes générales, constantes; elle tend à s'accroître et à se répandre partout de plus en plus, de manière à devenir dans notre état social un fait permanent et grandissant toujours. C'est le principe social même qui l'engendre, et à mesure qu'il acquiert plus d'empire, à mesure qu'il refoule les principes contraires qui comprimaient sa force d'expansion, ses effets naturels, dans l'ordre moral et dans l'ordre matériel, apparaissent sous un aspect de jour en jour plus sombre. De tous les peuples modernes, il n'en est point où le principe sensualiste du développement indéfini des besoins ait pénétré plus avant dans les mœurs qu'en Angleterre, et c'est là qu'on en peut mieux observer les conséquences sociales. Dans ce pays qui dépasse de si loin tous les autres pour le progrès de la richesse, la misère est marquée de ces redoutables caractères que nous signalions tout à l'heure. Elle n'est pas là renfermée dans la limite de quelques paroisses, ni produite seulement par des causes exceptionnelles et passagères, c'est un flot qui monte sans cesse et qui déborde partout; les campagnes en subissent l'invasion aussi bien que les cités manufacturières.

C'est quelque chose de profondément triste que l'exposé qui nous est fait, même par les écrivains les moins prévenus, de la situation des ouvriers de l'agriculture dans la plupart des comtés de la fière et puissante Angleterre. On y voit disparaître chaque jour les relations paternelles du fermier avec ses serviteurs, tandis que le nombre de ces travailleurs, que l'on prend et que l'on quitte selon les besoins de l'ouvrage, tend sans cesse à s'accroître. Les moins misérables de ces prolétaires de la glèbe ont pour abri des cabanes humides et délabrées, qui ressemblent, dit un écrivain anglais, plutôt à des monceaux de fumier qu'à des habitations humaines. Leurs principaux aliments sont du gruau d'avoine, des pommes de terre, du pain fait d'orge et de pois mélangés, et de temps en temps quelque morceau de lard qui est pour eux un objet de luxe, et l'on note comme une circonstance heureuse qu'ils aient ordinairement ces grossiers aliments en quantité suffisante pour apaiser leur faim. On peut voir d'après cela si M. Thornton a tort de dire que la condition de la portion la plus heureuse des paysans anglais offre un tableau peu séduisant. D'après ces données, il est facile de conjecturer quel doit être l'état des populations agricoles que l'on range parmi les plus pauvres, ou même de celles que l'on place dans la condition moyenne. Est-il étonnant que ces malheureux quittent si facilement leur lieu natal et qu'à la moindre apparence de hausse dans les salaires de l'industrie manufacturière, ils se précipitent dans les villes, où ils trouvent, pour quelque temps du moins, dans des salaires plus élevés, un allégement à leurs maux. Mais vienne ensuite un ralentissement dans la production, et ils retomberont dans une misère pire encore que celle à laquelle ils ont tenté de se dérober. On les verra alors peupler ces quartiers infects où l'entassement des hommes, la malpropreté, les excès, et l'absence d'une alimentation saine et suffisante, engendrent ces fièvres qui font de si cruels ravages dans les populations agglomérées de la grande industrie; bientôt ils perdront, dans l'atmosphère de corruption où ils sont jetés, ce qu'ils avaient pu conserver de moralité dans les campagnes, où, par malheur, la démoralisation a déjà fait en Angleterre d'effrayants progrès. Enfin, on les verra se précipiter sans retour dans cet abîme de misères morales et physiques dont M. Léon Faucher nous a tracé, dans ses remarquables Études sur l'Angleterre, une si frappante et si triste peinture.

Les suspensions de travail, les crises industrielles et commerciales, sources fécondes de tous ces maux, sont malheureusement une des conséquences inévitables du progrès de l'industrie sous l'empire du principe social sensualiste. C'est la surabondance de la population, jointe au désir toujours croissant des jouissances matérielles, qui les produit. Si les hommes étaient moins avides des satisfactions que procure la fortune, on ne les verrait pas se jeter follement dans des spéculations hasardeuses, où ils engagent non-seulement leur avenir, mais encore l'existence des nombreux travailleurs qui concourent à leur œuvre, et par lesquelles ils peuvent même compromettre le sort de producteurs qui ne sont pas aussi immédiatement liés à leur entreprise, et qui succombent sous le contre-coup de leur ruine. Si l'essor de la population était moins rapide, si, à l'inverse de ce qui se passe aujourd'hui, l'augmentation dans les moyens de subsistance devançait l'accroissement du nombre des hommes, les travailleurs de tous les rangs, les entrepreneurs comme les ouvriers, recevraient une rétribution plus large et, ce qui est aussi important, plus régulière et moins sujette aux chances qui désolent actuellement l'industrie. Ainsi, avec la modération dans les désirs, et la possession assurée des choses qui constituent l'aisance, on verrait s'éteindre cette activité inquiète qui agite d'autant plus violemment les hommes que l'objet de leur poursuite est plus souhaité et plus incertain, et qu'en risquant tout ils espèrent tout gagner. Alors chacun s'attacherait à la condition où il trouve, pour lui et pour les siens, une existence calme et heureuse. Le goût et le besoin de la stabilité succéderaient à cette passion du changement et du mieux à tout prix, qui fait de nos jours tant de victimes. D'ailleurs, le désir légitime, naturel à tous les hommes, d'améliorer leur sort, conduirait sans danger à un progrès plus lent sans doute, mais aussi plus assuré, parce qu'il serait plus sage.

Ce n'est pas, du reste, que nous prétendions que, si on substituait au principe sensualiste du développement indéfini des besoins le principe chrétien du renoncement, les sociétés seraient à toujours affranchies du danger des crises industrielles. Les embarras qui naissent d'une production inconsidérée seraient à coup sûr beaucoup moins fréquents et moins graves dans une société qui s'inspirerait du principe chrétien. Mais dans les cas où les crises sont l'effet de quelque perturbation dans le cours régulier des saisons, il est évident que d'aucune façon il ne serait au pouvoir des hommes de s'y soustraire. Toutefois il est certain que, dans une société où le principe du renoncement serait assez puissant pour contenir l'essor des générations, de sorte que le progrès de la richesse devançât celui de la population, dans une pareille société les crises seraient infiniment moins redoutables. En effet, chacun possédant une somme plus grande de ressources, les travailleurs des derniers rangs seraient moins facilement réduits à ce point où la gêne se transforme en misère, et en outre, la charité trouverait, dans le superflu des classes plus élevées, des moyens efficaces de secours pour les classes placées dans des conditions moins heureuses.

Ce qu'il y a de plus affligeant dans les calamités de l'industrie moderne, c'est l'impuissance de la charité à y porter remède. Le nombre de ceux qui souffrent est si grand, leur dénûment d'ordinaire si affreux, qu'il faudrait, pour les secourir efficacement, des ressources que le zèle le plus infatigable ne saurait rassembler. D'ailleurs le coup qui frappe les ouvriers des fabriques frappe plus ou moins toutes les classes que le travail fait vivre; les fortunes moyennes, qui forment partout la grande masse, en ressentent surtout les atteintes; et c'est ainsi dans le temps que l'aumône serait le plus indispensable, qu'on est le moins en état de la faire. Cette impuissance de la charité suffirait pour nous permettre d'affirmer que nos sociétés sont sorties de leur voie naturelle. La charité, tout le monde le reconnaît, même parmi les économistes de l'école anglaise, la charité est une force essentielle dans toute organisation sociale, où le travailleur est en possession de cette liberté qui est son droit naturel; elle est la providence sociale qui répare les maux produits, soit par les accidents inséparables de la condition de l'humanité, soit par les écarts de la volonté; c'est à elle que le Maître et l'Ordonnateur suprême des sociétés s'en est remis du soin de veiller en son nom à ce que les choses nécessaires à la vie ne manquassent à personne, pas même à ceux qui ont perdu par leur faute les moyens de se les procurer. Est-il possible alors d'accepter comme vrai un principe social qui conduit naturellement à une situation où le mal dépasse en énergie la force destinée, dans l'ordre providentiel, à lui faire contre-poids?

Dans les sociétés où règne le principe du développement indéfini des besoins, non-seulement l'ouvrier ne peut pas, dans les moments les plus difficiles de sa pénible existence, attendre de la charité des secours efficaces, mais il n'a pas lui-même la pensée de se ménager des ressources pour les temps mauvais, en faisant des épargnes sur les salaires des temps meilleurs. Il est possédé d'une soif de jouissances qui le pousse à consommer en folles dépenses tout ce qu'il peut gagner par son travail et celui de sa famille. Travailler mais jouir, telle est, suivant M. Villermé, la devise des ouvriers de Lyon; et c'est malheureusement aussi la devise de l'immense majorité des ouvriers de la grande industrie. L'économie est une vertu que le principe sensualiste tend chaque jour à chasser des sociétés. M. Léon Faucher affirme qu'en Angleterre aucune classe ne fait d'épargnes sur ses revenus. Ainsi, tandis que, par la concurrence toujours plus active des travailleurs entre eux, le prix du travail tend sans cesse à baisser, les besoins de l'ouvrier, par l'action incessante du principe sensualiste, tendent à s'accroître. Des désirs qui ne connaissent point de bornes, avec des ressources de plus en plus limitées, n'est-ce point le comble de la misère? Quand on en est là, il faut à tout prix mettre les ressources au niveau des besoins. Pour y parvenir, on n'hésitera pas à sacrifier les affections les plus douces, les devoirs les plus impérieux; tout cédera devant la passion du bien-être. On verra les enfants livrés par leurs parents à des travaux dont souffriront également leur santé, leur intelligence et leurs mœurs. Les femmes abandonneront le soin de l'intérieur du ménage pour partager dans les fabriques le travail des hommes, et trop souvent leur immoralité. Tous les liens de la famille se relâcheront, et l'on verra s'élever toute une génération d'êtres abrutis par une corruption précoce, sans affection, sans autre souci que celui des jouissances brutales, et dont la dégradation offrira un spectacle sans pareil dans les temps qui précèdent le nôtre. C'est une remarque importante à faire, que les hauts salaires dont jouissent dans les temps ordinaires certaines familles d'ouvriers anglais, et dont nous parlent si souvent les prôneurs du régime industriel moderne, ne sont dus qu'au concours des femmes et des enfants à des travaux qui trop souvent excèdent leurs forces, et à la durée prolongée du travail que l'ouvrier est forcé de s'imposer pour conserver des jouissances auxquelles il tient plus qu'à la santé. Telle est, au vrai, la situation pour un certain nombre; mais, pour bien d'autres, pour ceux qui appartiennent aux derniers rangs des travailleurs, ce n'est pas d'une somme plus ou moins grande de jouissances, c'est de la vie même qu'il s'agit. C'est pour vivre qu'ils sont contraints d'épuiser leurs forces dans des travaux meurtriers et de livrer à l'industrie le corps et l'âme de leurs enfants. Et cela est tellement vrai, que les économistes les plus expérimentés affirment que c'est en vain qu'on tenterait de réduire, par mesure législative, le nombre des heures de travail pour les enfants et les femmes, parce que, porter une pareille loi, ce serait, en réduisant le salaire, retrancher sur la vie même de l'ouvrier.

Ainsi le travail qui, dans l'état normal des choses, est doué d'une véritable puissance de moralisation, n'est plus dans le système social sensualiste qu'un agent corrupteur, dont la déplorable influence s'exerce à la fois sur le physique et le moral de ceux que le besoin lui livre. M. Twiss, professeur d'économie politique à Oxford (1), remarque que ce n'est pas toujours le manque de travail qui est le plus fatal aux classes ouvrières; que, parfois, c'est le travail même qui est pour elles plus désastreux que les chômages. On a observé, dans les crises de l'industrie en Angleterre, que la fièvre, qui règne habituellement parmi les ouvriers des fabriques, fait moins de ravages dans les temps de suspension de travail que dans les temps d'activité, et l'on considère comme un fait avéré que la diminution des salaires pendant le chômage, et les maux qu'elle entraîne, sont plus que compensés par l'avantage qu'a l'ouvrier de n'être plus soumis à l'influence de l'atmosphère viciée des ateliers, et par l'impossibilité où il est, faute de ressources, de satisfaire des habitudes aussi coûteuses que funestes. M. Léon Faucher signale également cette alliance, en quelque sorte contre nature, entre la misère et le travail, entre les excès du vice et ceux de l'activité.

C'est surtout parmi les travailleurs des derniers rangs que ces causes de l'ordre moral et

(1) *On certain tests of a thriving population*, by Travers Twiss, p. 79.

de l'ordre physique produisent leurs plus déplorables effets. La durée moyenne de la vie humaine considérablement réduite, l'enfance hébétée et débile, l'âge mûr maladif et abruti, enfin une succession toujours plus rapide de générations, dont toute la vie se consume dans l'alternative des excès et des souffrances, et qui semblent n'avoir reçu l'être que pour attendre, dans une longue agonie, la mort prématurée qui doit terminer leur douloureuse existence, n'est-ce point là le trop fidèle tableau de l'état des prolétaires de l'industrie anglaise, et n'est-ce point aussi le dernier terme auquel la misère puisse conduire une société? Parvenu à ce degré, le mal peut encore croître, en ce sens qu'il atteindra des populations que des circonstances heureuses en avaient préservées; il pourra ainsi gagner en étendue, mais il n'est guère possible qu'il gagne en intensité. C'est l'obstacle répressif dans toute sa cruelle énergie, et c'est par l'effet de cette énergie même, c'est par la réduction violente que subit l'offre des bras, que le mal restera concentré dans chaque industrie, parmi ces travailleurs qui, étant les moins rétribués, ne peuvent, sous peine de mort, subir aucune diminution dans leurs salaires. Ce qui surtout étonne et attriste, c'est que ce fléau frappe nos sociétés à l'instant même où une accumulation de richesse et une puissance de produire vraiment inouïes semblaient leur promettre une prospérité sans égale. Sous les inspirations de la philosophie du bien-être, on s'efforçait d'accroître les besoins, certain qu'on était de trouver dans les ressources du génie humain de nouveaux moyens de les satisfaire et de nouvelles sources de jouissances pour tout le monde. L'illusion a été courte ; on ne peut plus aujourd'hui se le cacher : la misère marche parmi nous du même pas que la richesse, et il est impossible de ne pas reconnaître, encore une fois, dans cette coïncidence de deux faits, qui régulièrement devraient s'exclure, l'indice trop certain d'un renversement des lois naturelles et fondamentales de l'ordre social.

Un principe social qui produit de telles conséquences est jugé; il faut nier le fait ou passer condamnation, la logique et le bon sens le veulent ainsi. Mais prétendre que le mal n'existe pas, c'est impossible en présence de la réalité qui éclate partout ; on cherchera donc, pour avoir le droit de conserver le principe, à en atténuer, à en expliquer les effets. C'est ce que font d'un accord unanime les économistes de l'école anglaise ; c'est ce que M. Thornton essaye pour l'Angleterre. Mais l'évidence du fait est telle, qu'il lui échappe à chaque pas des aveux d'autant plus significatifs, qu'ils sont plus involontaires. Et d'abord le titre même de son livre trahit une pensée qu'il voudrait se cacher à lui-même : *An inquiry into the extent and causes of the distress prevailing among the labouring classes of the British islands.* Est-ce quelque chose de normal, de régulier, que cette prédominance de la misère parmi les classes ouvrières au milieu d'une société si riche?

Nous avons vu plus haut quelle idée M. Thornton nous donne de la condition des paysans anglais. S'il était nécessaire d'ajouter quelque chose à ce tableau, nous rapporterions l'appréciation qu'il fait du taux ordinaire du salaire de l'agriculture et de l'emploi de ce salaire. « Dans la plupart des comtés, dit-il, le salaire de deux ouvriers de l'agriculture, homme et femme, est rarement au-dessous de douze schellings par semaine ; dans bien des endroits, il est supérieur à ce taux. La simple somme de douze schellings serait une faible ressource contre le besoin , quatorze schellings pourraient peut-être suffire pour acheter les choses absolument nécessaires à un ménage ayant à pourvoir à l'entretien du nombre moyen de personnes incapables de gagner elles-mêmes leur subsistance..... Dix schellings par semaine suffiraient pour la nourriture de 3 1/4 personnes (on voit qu'il ne faut pas que ce ménage ait trop d'enfants ni de parents vieux et infirmes à faire vivre); il resterait donc quatre schellings par semaine pour le loyer, les vêtements, le chauffage et les menues dépenses. S'il n'y a pas là d'aisance, il n'y a pas non plus manque évident des choses positivement nécessaires à la vie, et lorsque chacun est si près de pouvoir se les procurer, il peut bien y avoir un commencement de surabondance de population, mais elle ne peut pas avoir fait beaucoup de progrès. Il est vrai que le salaire hebdomadaire dont nous venons de parler donnerait à peine même le nécessaire, si son emploi n'était pas meilleur qu'il ne l'est d'ordinaire dans les ménages d'ouvriers, et que même, fût-il toujours utilement dépensé, il ne donnerait à l'ouvrier et à sa famille que l'ordinaire des hôtes d'une maison de travail bien réglée. »

On sait ce que c'est que l'ordinaire de ces maisons de travail, dont il a fallu rendre le régime aussi dur que celui des bagnes, pour détourner les misérables d'y aller en foule chercher du pain au prix de leur liberté : et encore, pour qu'une famille d'ouvriers jouisse de cette maigre pitance, faut-il que la femme abandonne le soin de son ménage et de ses enfants, et qu'elle partage le labeur de son mari. Et puis c'est quatorze schellings par semaine qu'il faut à l'ouvrier pour se procurer ce qui, dans les conditions ordinaires, constitue à peine le nécessaire, et souvent il n'en gagne que douze. Après cela, on comprend que M. Thornton soit contraint d'avouer qu'il y a en

Angleterre au moins un commencement de surabondance de population. Apparemment que, suivant lui, cette surabondance n'existe vraiment que dans les pays où, comme en Irlande, la famine a passé à l'état de maladie endémique. Cette situation des travailleurs agricoles est certes déjà assez triste, et cependant la misère des villes, dit M. Thornton, dépasse en étendue et en intensité celle que nous offrent les campagnes. « Dans les grandes villes, dit-il encore, dans celles qui voient croître rapidement leur population, où les mariages sont le plus encouragés, la mortalité est si grande parmi les enfants, que la proportion des naissances aux décès ne suffirait pas toujours pour prévenir la dépopulation, et qu'elle ne contribue jamais que pour une très-petite part dans l'accroissement annuel du nombre des habitants. »

N'est-ce pas la preuve la moins équivoque de l'existence de la surabondance de la population et de la misère qui en est l'inévitable conséquence? N'est-il pas évident que cette rapide augmentation de la population des villes, que l'on serait tenté de prendre au premier abord pour le signe d'une prospérité croissante, a sa source dans l'affluence des misérables des campagnes vers les cités? L'Irlande fournit un bon nombre de ces malheureux, mais c'est surtout des comtés de l'Angleterre que viennent ces tristes victimes d'une civilisation dont l'économie politique sensualiste ne représente que trop fidèlement les principes et les affections. Si nous voulions une preuve plus précise de l'état précaire où sont réduits les travailleurs de l'industrie manufacturière, nous la trouverions dans l'opinion de M. Thornton sur les mesures qui limitent le nombre des heures de travail dans les manufactures. « Si l'on avait adopté, dit-il, la proposition de lord Ashley, qui voulait que les femmes et les enfants ne pussent pas travailler plus de dix heures par jour, leurs salaires auraient été réduits d'à peu près un quart. Or, comme le salaire des ouvriers, bien qu'assez large dans les temps de prospérité, est cependant peu au-dessus de ce qu'il faut pour les faire vivre, on peut se demander en toute sincérité, si l'avantage de deux heures de plus de loisir par jour aurait pleinement compensé une aussi grande diminution dans les ressources. » On ne le voit que trop, il n'y a pas de milieu : il faut choisir entre un travail excessif, qui mine lentement les forces, et un repos tout aussi funeste, puisqu'il prive ceux à qui on l'impose d'une partie des ressources qui déjà suffisent à peine à soutenir leur misérable existence.

Il était difficile, à l'aspect de faits si décisifs, de ne pas reconnaître que véritablement, en Angleterre, l'offre des bras dépasse la demande. Aussi

M. Thornton laisse-t-il échapper, au commencement de son cinquième chapitre, des aveux qui ne sont pas sans doute exempts de restrictions, mais qui sont pourtant suffisamment explicites. Après avoir rappelé ces temps heureux où le travailleur anglais, estimant au vrai ses avantages, pouvait regarder en pitié ses pareils de tous les autres pays, il cherche à expliquer comment, d'après son système, dont nous avons donné plus haut une idée, cet état de choses a pu changer. « A la longue, dit-il, des influences étrangères, auxquelles les travailleurs ne purent point s'opposer, les précipitèrent de cette haute position sociale; d'autres circonstances, dans des temps plus rapprochés, en leur fournissant un moyen de se dérober aux conséquences de leur imprudence, les empêchèrent de recouvrer la position qu'ils avaient perdue. La prudence fut remplacée par l'insouciance qui naît de l'extrême pauvreté, et par cette indifférence que produit l'opinion où l'on est que l'on ne court aucun risque. La population, libre ainsi des obstacles qui auparavant la retenaient dans ses limites naturelles, s'accrut avec une trop grande rapidité. C'est ce progrès trop rapide qui a perpétué l'indigence, première cause du développement exagéré de la population, et qui a produit la misère maintenant si répandue (*so prevalent*) parmi certaines classes de travailleurs. »

De pareils aveux doivent coûter à la fierté nationale d'un Anglais, mais l'évidence du fait est telle qu'il faut bien, quelque répugnance qu'on y ait, finir par le reconnaître. Cette évidence, on la rencontre à chaque pas : dans les rapports et dans les documents qui émanent du bureau des commissaires pour l'exécution de la loi des pauvres ; dans les enquêtes officielles faites par ordre du gouvernement ou des chambres; dans les discussions parlementaires, et dans l'impuissance avouée où se trouve le législateur de remédier à des maux dont on reconnaît pourtant la violence; enfin, dans le témoignage des étrangers qui, comme M. Léon Faucher, par exemple, ont observé avec soin la vie de l'ouvrier anglais dans toutes ses particularités. Devant ce faisceau de preuves, le doute n'est plus permis ; aussi peut-on dire que le progrès de la misère parmi les classes industrieuses de l'Angleterre est un fait notoire dans le monde. En France, grâce à Dieu, la situation, quoique fâcheuse en bien des points, est loin pourtant d'être aussi grave qu'en Angleterre. Aussi les économistes de l'école anglaise, qui voudraient se persuader que tout est pour le mieux sous l'empire de leurs doctrines, insistent-ils de préférence sur l'état des classes laborieuses en France, tandis qu'ils évitent de parler de la détresse des prolétaires anglais, ou qu'ils en cherchent la raison dans des faits secondaires qui n'expliquent rien, parce qu'ils ont eux-mêmes besoin d'être expliqués par l'action de causes plus profondes. Si l'on considère attentivement l'état des choses dans les deux pays, on découvrira facilement à quoi tient cette différence, plus apparente que réelle, dans les résultats produits des deux côtés par le même principe. D'abord, la prédominance du principe sensualiste date de moins loin en France qu'en Angleterre. De tout temps les Anglais ont ressenti, pour les jouissances de la richesse, un penchant plus décidé que les Français; c'est un des traits distinctifs de leur caractère national. Cet amour du bien-être était déjà répandu chez eux avant la Réforme, et n'a pas été pour peu dans la rapidité avec laquelle on a vu le peuple tout entier quitter et reprendre tour à tour, sur un signe de ses souverains, la foi de Rome, ou le schisme d'Henri VIII. Le catholicisme avait seul assez de puissance sur les âmes pour contenir cette tendance au sensualisme; une fois le frein brisé, elle prit son libre essor, et nous avons dit, en caractérisant l'état économique de l'Angleterre, à quelles déceptions elle a conduit. En France, le principe catholique conserva plus longtemps son influence sur les mœurs; ce ne fut que dans le cours du dix-huitième siècle qu'on la vit décroître, et ce n'est que depuis la fin de ce siècle que la société française a subi pleinement l'action des doctrines que les encyclopédistes avaient empruntées à l'Angleterre. Encore s'en faut-il de beaucoup que toutes les classes de la population française aient reçu au même degré l'empreinte de ces doctrines ; les campagnes y ont en partie échappé ; c'est dans les villes, surtout dans les villes manufacturières, qu'elles ont pris pied, et c'est là aussi qu'elles commencent à porter leurs déplorables fruits. Comme en Angleterre, on y voit le nombre des misérables augmenter avec le nombre toujours plus considérable des hommes voués à la grande industrie. « C'est là, dit M. Villermé, que la population s'accroît le plus vite, que la mortalité générale est la plus forte, et que les enfants deviennent moins souvent des hommes faits, tandis que, d'une autre part, c'est dans les districts agricoles que la population augmente le plus lentement et que la vie est la plus longue. Serait-ce à ce prix qu'aujourd'hui, dans notre vieille Europe, les peuples les plus industriels achèteraient leurs richesses et l'étendue de leur commerce? Beaucoup de personnes ne craindront pas de l'affirmer et même d'ajouter à ce prix déjà si exorbitant l'imprévoyance, la misère, l'immoralité, l'abjection d'une très-grande partie des ouvriers des manufactures, et les crimes, les infractions aux lois dont ils se rendent coupables.

« Une pareille conclusion ne peut être admise d'une manière absolue. L'industrie, comme toute autre chose, produit du bien et du mal; mais il suffirait de changer, de modifier certaines conditions pour diminuer celui-ci. Au surplus, qu'il résulte ou non des circonstances qui accompagnent le développement excessif des fabriques, qu'il en soit l'effet direct ou indirect, notre conclusion doit rester la même. »

M. Villermé a certes raison de ne pas s'en prendre à l'industrie des maux qui, dans nos sociétés, accompagnent ses progrès. L'industrie en elle-même est chose utile et bonne; la cause du mal est plus haut : elle est dans le principe sous l'empire duquel s'exerce la puissance industrielle, non dans cette puissance. Quant à l'existence même du mal, que l'on pèse sérieusement les faits si habilement observés et si bien exposés par M. Villermé; que l'on médite sur les renseignements qu'il nous fournit touchant l'emploi des femmes et des enfants dans les manufactures, le nombre d'heures de travail et les habitudes des ouvriers; que l'on examine surtout avec soin les tableaux détaillés qu'il a dressés du montant des salaires et de la quantité des choses utiles que ces salaires représentent; que l'on considère l'ensemble de ces faits, et l'on restera convaincu que l'état des populations manufacturières en France ne ressemble malheureusement que trop à celui des mêmes populations en Angleterre, et que, dans les deux pays, partout où a pénétré le principe du développement indéfini des besoins, on rencontre les mêmes résultats et les mêmes tendances.

Comme il serait difficile, à l'aspect des faits, de nier la réalité des souffrances des classes manufacturières, on s'efforce, pour en absoudre l'industrialisme, de prouver que, dans les temps antérieurs, il y avait autant de misère que de nos jours. Mais d'abord, en raisonnant ainsi, on oublie la différence des situations; on ne tient pas compte des immenses progrès que nous avons faits sur nos devanciers dans tout ce qui est de la richesse. N'est-il pas déplorable que, dans le temps où le travail étend ses forces productives au delà de tout ce qu'il était possible de prévoir, où, par conséquent, les moyens de bien-être s'augmentent prodigieusement, l'ouvrier ne profite point de cet accroissement dans la puissance des industries auxquelles il applique ses bras? D'ailleurs, si l'on considère le cours des choses dans des contrées plus avancées en richesse que la France, aussi bien que dans les pays qui ne font qu'entrer dans le régime industriel, n'a-t-on pas le droit de s'affliger et de s'alarmer en n'entrevoyant dans l'avenir qu'une aggravation à cette misère déjà si profonde? Ainsi donc, fût-il prouvé, ce que nous sommes loin d'admettre, que le dénûment du travailleur n'est pas plus grand de nos jours qu'il n'était dans les temps passés, encore serions-nous en droit de dire que sa situation est relativement pire. Toutes ces questions d'aisance et de misère sont relatives, et ne peuvent s'apprécier qu'eu égard aux circonstances et au temps auxquels on les rapporte. On l'a dit souvent déjà et avec raison, la misère est de sa nature un fait moral; elle ne consiste pas seulement dans la privation de tel ou tel objet utile, elle tient surtout à l'opinion que les hommes se font de ces objets, et cette opinion varie avec le cours des temps et de la civilisation. Lorsque les besoins de l'ouvrier se sont accrus par le progrès général de la richesse, ainsi que par la diffusion des lumières et la facilité de plus en plus grande des relations entre les hommes, ne faudrait-il pas, pour que les choses restassent égales, que ses ressources se fussent accrues dans une proportion correspondante? On peut dire que, toutes les fois qu'on aura excité les besoins de l'homme sans lui créer en même temps de plus puissants moyens de les satisfaire, on aura ouvert de nouvelles sources de misère. C'est à ce résultat qu'arrive, sans s'en douter, l'école anglaise, lorsqu'elle s'efforce de faire entrer dans les mœurs le principe du développement indéfini des besoins.

C'est aussi à l'influence de ce principe qu'il faut attribuer le mauvais emploi du salaire, sans contredit l'une des causes les plus actives du malaise des travailleurs. « Très-communément chez nous et dans l'état actuel des choses, dit M. Villermé (1), les ouvriers des manufactures manquent de sobriété, d'économie, de prévoyance, de mœurs, et bien souvent ils ne sont misérables que par leur faute. Le mal n'est pas nouveau, mais il est plus grand que jamais. » Dans d'autres endroits encore (2), le même écrivain, tout en soutenant que la condition des ouvriers est actuellement meilleure que dans les temps passés, reconnaît la supériorité des ouvriers d'autrefois quant à la moralité et aux habitudes d'économie. Or, c'est un fait incontestable, énoncé plusieurs fois par M. Villermé lui-même, qu'un ouvrier rangé et économe est, en réalité, moins pauvre, malgré la modicité de son salaire, qu'un ouvrier plus largement rétribué, mais qui fait moins bon emploi de ses gains. Il n'est pas rare de voir donner, comme preuve de l'amélioration introduite de nos jours dans la situation des classes inférieures, leurs consommations de plus en plus étendues en objets de luxe. Malheureusement, ces sortes de dépenses

(1) *Recherches sur l'état des ouvriers*, t. II, p. 351.
(2) *Ibid.*, t. I, p. 309.

ne se font d'ordinaire qu'au détriment d'autres dépenses plus réellement utiles, et qui pourraient introduire dans le ménage de l'ouvrier une aisance qu'on n'y trouve guère à présent. C'est dans les temps de grande activité industrielle que l'ouvrier se passe ces fantaisies qui absorbent la part de son salaire, dont il devrait se former une réserve pour les temps de crise, où le nécessaire même lui fait défaut. La seule conséquence que l'on puisse tirer de ces consommations superflues de l'ouvrier, c'est que le principe sensualiste fait de rapides progrès parmi les travailleurs, et qu'il les porte chaque jour davantage à dissiper en jouissances éphémères, et trop souvent coupables, des ressources qui, bien ménagées, suffiraient à peine à les faire vivre eux et leurs familles.

Une chose dont on ne tient pas assez compte lorsque l'on compare notre situation économique à celle des époques précédentes, c'est le caractère profondément différent des causes qui de nos jours produisent la misère, et des causes qui la produisaient autrefois. Nous avons déjà eu occasion de le dire : dans nos sociétés, le principe d'où procède le malaise des classes inférieures est permanent, il agit sur les masses constamment, partout, et avec une énergie toujours plus grande ; ses effets ont également un caractère d'universalité et d'intensité croissante qui en fait la gravité. Il en était autrement dans les temps antérieurs ; alors, outre les calamités naturelles et les causes particulières de la misère, dont nous ne parlons pas ici, parce qu'elles sont communes à toutes les époques et à toutes les civilisations, alors, c'étaient des faits accidentels, appartenant à l'ordre politique, qui amenaient ces périodes de détresse, par malheur trop rapprochées pour le pauvre peuple dont elles épuisaient pour longtemps les ressources. Des guerres civiles, ou bien des guerres contre l'étranger qui, une fois engagées, exigeaient des sacrifices sans fin, les profusions royales, un système d'impôts détestable, l'oppression du paysan par le propriétaire, les entraves de toute espèce qu'une législation étroite opposait au développement des forces productrices du pays, tels étaient les faits d'où dérivait la misère dans la France d'autrefois. Ce qui aggravait et prolongeait les souffrances, c'était le peu de développement que pouvait prendre la richesse sous un pareil régime, même dans les temps de calme. Quand une calamité imprévue frappe une société riche, elle trouve dans ses capitaux des ressources pour traverser les temps difficiles ; mais quand un peuple n'a d'ordinaire que ce qui suffit à ses besoins du moment, quand l'exagération de l'impôt rend l'épargne impossible pour le plus grand nombre, où pourra-t-on prendre de quoi subsister aux époques de crises? Vienne une mauvaise récolte ou une guerre ruineuse, et il sera des années avant que la nation puisse revenir à une situation plus tolérable. C'est dans l'ensemble de ces faits qu'il faut chercher la cause de ces détresses prolongées qui affligeaient autrefois les classes ouvrières. Aussi, voyez comment les écrivains les plus éclairés du temps expliquent cette misère, dont ils nous font parfois de si effrayants tableaux : c'est aux impôts surtout qu'ils s'en prennent, c'est toujours à des abus de l'ordre politique. On a fait grand bruit des assertions du maréchal de Vauban dans sa *Dîme royale* touchant l'état fâcheux où était réduite, au commencement du dix-huitième siècle, l'immense majorité de la nation française; mais que l'on remarque à quelles causes l'illustre écrivain fait remonter le mal : c'est dans les vices du système d'impôts qu'il en trouve la source, et c'est dans la réforme radicale de ce système qu'il en cherche le remède. De nos jours ces réformes, dont le simple projet attirait à Vauban la disgrâce de Louis XIV, sont devenues des faits accomplis. Plus d'oppression légale des grands envers les petits, liberté pour le travail, paix profonde pendant plus de trente années, et c'est dans ces conditions, les plus heureuses où jamais les peuples aient été placés pour développer leurs richesses et opérer graduellement l'amélioration du sort du grand nombre, que l'on a vu la misère envahir, d'un pas lent mais sûr, les rangs inférieurs de la société. C'est parmi tous ces puissants moyens de prospérité, dont le progrès de la civilisation chrétienne nous a si largement doués, qu'on entend accuser de toutes parts la fécondité malheureuse du genre humain. De jour en jour, il devient plus difficile d'avoir du pain dans nos sociétés si abondamment pourvues de tous ces objets pour la création desquels l'homme, à l'aide des machines, dispose en souverain des éléments. Autrefois on se plaignait de la misère, mais, loin de redouter l'accroissement de la population, on l'appelait comme un bienfait; les bras manquent au travail, c'était un axiome reçu. Et en effet, sous l'empire des abus que nous signalions tout à l'heure, la misère ne provenait pas de ce qu'il y avait trop de travailleurs, elle provenait de ce qu'on ne laissait pas au travail la liberté et la sécurité qui le fécondent, et qu'en l'épuisant d'impôts, on lui ôtait le moyen d'accroître sa puissance productrice, en amassant de nouveaux capitaux. Qu'il en soit tout autrement aujourd'hui, que la surabondance de la population commence à devenir dans la société française un fait patent, c'est ce que sont contraints de reconnaître même les économistes dont un pareil aveu condamne les doctrines. « La misère de quelques classes d'ouvriers, dit M. Clément, la difficulté qu'éprouvent ceux engagés dans certaines professions pour se procurer du travail et des moyens de subsistance suffisants, n'indiquent pas infailliblement une surabondance absolue de population; ces circonstances peuvent tenir à la mauvaise distribution des emplois, ou à de grandes inégalités dans la répartition des valeurs plutôt qu'à une insuffisance réelle de l'ensemble des fonds productifs du pays.

« Mais, lorsque les mêmes circonstances se font remarquer dans la plupart des professions, lorsque l'on voit souvent des masses nombreuses de travailleurs réduites à offrir leurs services au rabais, à se contenter d'un salaire insuffisant, ou à rester temporairement dans l'oisiveté, on peut conclure de la reproduction fréquente de ces faits que la population est en excès. Un accroissement plus ou moins rapide, mais incessant, dans le prix des propriétés foncières et dans celui des produits agricoles, lorsqu'il se manifeste longtemps après que tout le territoire national exploitable a été mis en culture, est encore un indice de l'excès de la population...... L'excès de la population se manifeste encore par la fréquence et l'importance des émigrations, particulièrement lorsqu'elles ont lieu chez les classes attachées aux travaux de l'agriculture et formées à des habitudes régulières et laborieuses......... Ces divers signes de la surabondance de la population peuvent être observés de nos jours en Irlande, en Angleterre et dans certaines parties de l'Allemagne et de la Suisse. Ils commencent à se manifester en France. »

Nous trouvons encore la confirmation de ce fait dans les paroles d'un économiste dont l'autorité est grande en pareille matière par la profonde connaissance qu'il a de l'état économique de nos sociétés. M. Michel Chevalier, dans le discours d'ouverture du cours fait par lui au collége de France, pendant l'année 1847, sur la question de la population, s'exprime ainsi : « C'est un triste aveu que la civilisation est forcée de faire, que, dans ces États libres, qui se glorifient tant de leurs progrès, il y ait une classe d'hommes dont la condition est voisine de l'abjection, et que cette classe paraisse devoir se propager au delà de tout ce qu'on avait vu dans la plupart des sociétés passées. »

D'après ces derniers mots, il est clair que M. Michel Chevalier aperçoit aussi, dans la misère de notre époque, ces tendances envahissantes qui sont, comme nous l'avons déjà dit, un de ses caractères distinctifs. C'est là un fait si évident, que ceux mêmes qui sont le plus portés à atténuer les maux de la situation, sont contraints de le reconnaître. Ainsi, dans son dernier chapitre, M. Villermé, après s'être efforcé de prouver que depuis un certain temps il y a dans la condition des ouvriers une amélioration sensible, rapporte, pour les combattre, les faits par lesquels on a cherché à établir le contraire, puis il ajoute : « Malgré tous ces faits, l'amélioration dont j'ai parlé plus haut n'en reste pas moins constatée. Mais cet état durera-t-il ? Voilà une question à laquelle on n'ose pas répondre affirmativement, surtout lorsqu'on sait combien les centres d'industrie sont nuisibles aux habitudes d'économie des travailleurs, et combien il est de plus en plus difficile à ceux-ci de passer dans la classe des maîtres, à cause des grands capitaux qu'exige aujourd'hui la création d'une manufacture. »

Cette question, à laquelle on n'ose pas répondre, il faut pourtant bien se la poser, dès qu'on veut juger de la valeur d'un principe social, et, à moins de l'avoir résolue affirmativement, il est impossible de proclamer la légitimité et l'excellence pratique du principe. Ce n'est qu'à la longue que les doctrines produisent dans la société leurs effets naturels ; ce n'est qu'à mesure qu'elles pénètrent davantage dans les consciences, et qu'elles règnent plus absolument sur les volontés, que l'on voit se révéler nettement les conséquences qu'elles contiennent en germe. Ce n'est pas du premier coup qu'un principe social s'impose aux hommes ; il faut d'abord qu'il lutte contre les principes contraires, qui paralysent son action et retardent ses progrès; ce n'est que quand il sera parvenu à les vaincre et que, libre de toute entrave, il pourra façonner à son gré la société, qu'il donnera, par ses résultats, la juste mesure de ce qu'il est. Cependant, avant que les choses en soient là, on peut, par les faits déjà accomplis en vertu de la force du principe, et dans les limites où cette force a pu se déployer, on peut augurer de ce que le principe produira dans l'avenir. Toute doctrine qui prétend au gouvernement des volontés aspire à dominer sans partage dans les sociétés : c'est là sa tendance naturelle, invincible; elle n'y pourrait renoncer qu'en se reniant elle-même. Aussi voyez comment procèdent les propagateurs du principe du développement indéfini des besoins. Quels efforts ne font-ils pas pour chasser des sociétés le principe chrétien du sacrifice, du renoncement à soi? Il est donc parfaitement légitime de juger cette doctrine non-seulement dans ses résultats actuels, mais encore dans ses résultats possibles. Se borner à constater le fait du moment, sans porter plus loin ses regards, ce serait n'avoir du principe que l'on prétend apprécier qu'une vue incomplète et insuffisante. L'homme ne vit pas seulement pour l'heure présente : par sa pensée, il devance le cours des temps; par sa volonté responsable, il porte le poids des maux que ses fautes auront préparés à ses successeurs. C'est donc pour lui un devoir impérieux d'envisager toujours dans le fait actuel l'intérêt des générations qui ne sont pas encore, et il manquerait à ce devoir si, en jugeant un principe social, il ne lui demandait pas compte de ce qu'on peut en attendre dans l'avenir de bien ou de mal.

La lutte des deux principes du sensualisme et de l'esprit de sacrifice est aussi vieille que les sociétés humaines et durera autant qu'elles. Ce qu'on appelle l'industrialisme n'en est qu'une des phases : c'est la victoire momentanée du sensualisme sur le renoncement. Ce n'est pas la première fois que ce fait se produit dans le monde; mais jamais, depuis le triomphe définitif du christianisme, il n'y était apparu avec un tel caractère de gravité. L'exemple de l'Angleterre nous donne l'idée de ce que le principe du développement indéfini des besoins peut faire d'une société où il a, non point détruit, mais simplement affaibli le principe chrétien, et à plus forte raison de ce qu'il ferait d'une société où il aurait établi sa domination sur les ruines de la foi catholique.

Ce n'est que par la violence que nous parvenons à dompter nos inclinations vicieuses; mais, quoi qu'il nous en coûte, il n'est pas en notre pouvoir de méconnaître ce qu'il y a d'honneur et d'avantage dans la lutte. Il y a, au plus profond de notre conscience, une voix qui nous avertit que c'est dans cette immolation de nous-mêmes qu'est notre dignité et notre véritable bonheur. Tel est le cri de l'humanité tout entière, et c'est dans cette persuasion intime des hommes de tous les temps qu'il faut chercher la cause de l'éloignement que manifestent pour l'économie politique, telle que le dix-huitième siècle l'a faite, tant d'esprits élevés, auxquels l'incrédulité n'a pu ôter l'intelligence des véritables destinées de l'humanité. C'est dans cette répulsion pour les doctrines, et dans la prévision des résultats désastreux auxquels elles conduisent, qu'il faut chercher la cause de la réaction que nous voyons s'opérer depuis un certain temps contre l'économie politique anglaise, ainsi que du mouvement de plus en plus prononcé par lequel se prépare la transformation des sciences économiques. Par le progrès logique des idées, ce mouvement aboutit à des conclusions chrétiennes; mais, pour qu'elles devinssent évidentes pour tous, il fallait que le principe de l'économie politique anglaise eût porté tous ses fruits; il fallait qu'en le poussant à ses dernières conséquences, on eût mis au jour tout ce qu'il recélait d'erreurs et de périls pour la société. Les socialistes se sont chargés de ce soin.

CHAPITRE IV.

Que le socialisme procède directement du matérialisme économique.

L'économie politique anglaise, tout en faisant du principe sensualiste la donnée capitale de ses doctrines, conserve toujours le sentiment de ce qui est juste et possible dans l'ordre pratique. Aussi, Dieu nous garde d'établir aucune assimilation entre les hommes honnêtes, qu'une erreur de l'intelligence a conduits aux théories dont nous venons de signaler le danger, et ces novateurs audacieux qui, rompant avec tout le passé de l'humanité, tenant en mépris ses convictions les plus profondes et les plus universelles, refont la société plus encore au profit de leur ambition personnelle que par l'amour désintéressé du bien général. Chez ceux-ci il est difficile de découvrir autre chose que le délire de l'orgueil qui repousse le joug des faits, et l'effort désespéré du sensualisme, impatient des bornes que lui imposent les lois de la vie sociale. Chez les économistes, au contraire, on trouve à chaque pas les preuves irrécusables d'un dévouement sincère à l'amélioration du sort du grand nombre; leurs travaux ont apporté à cette œuvre un puissant secours, en déterminant les lois qui régissent le développement des facultés de l'homme dans l'ordre de la richesse. Tout chez eux respire la probité, la droiture des intentions : aussi se gardent-ils bien de tirer les dernières conséquences des principes qui forment le fond de leurs doctrines; le sentiment des nécessités sociales, qu'ils reconnaissent et respectent, les retient sur la pente dangereuse où ils sont placés; ils s'arrêtent à la vue des périls où leurs principes jeteraient les sociétés, si l'on en tirait tout ce qu'ils renferment; ils se résignent à être inconséquents pour rester honnêtes. Mais des hommes plus hardis et moins scrupuleux se sont trouvés qui, sans hésiter, ont poussé jusqu'au bout les conséquences des prémisses posées par les économistes. Tel est inévitablement le sort des idées; l'esprit humain est forcément entraîné à en extraire tout ce qu'elles contiennent de bien ou de mal; il ne les abandonne que quand il les a épuisées. C'est en vain que ceux qui les premiers leur avaient donné cours se récrient contre les conclusions qu'on en tire : la logique est la plus forte; leurs intentions peuvent être absoutes, mais leurs principes n'en restent pas moins chargés des résultats absurdes ou coupables auxquels ils conduisent.

Que le socialisme ne soit que la doctrine du développement indéfini des besoins poussée à ses dernières conséquences, c'est ce qu'il ne sera pas difficile d'établir. Interrogeons successivement les trois écrivains les plus tristement célèbres de cette déplorable école : M. Louis Blanc, M. Proudhon et Fourier, et nous trouverons chez tous les trois une application plus ou moins complète, plus ou moins audacieuse, du principe du développement indéfini des besoins.

Quelle est l'idée qui inspire à M. Louis Blanc son système d'organisation du travail dans les ateliers sociaux? C'est la réhabilitation de l'homme par l'extension du bien-être. Là est pour lui tout le secret des progrès de l'humanité. Procurer, par l'organisation du travail, à tous les travailleurs des ateliers sociaux des jouissances égales et indéfinies, et, par là, porter la civilisation à un degré où elle n'est point encore parvenue, tel est le dernier mot de tout le système. C'est en vain qu'il se défend de l'imputation de matérialisme, les raisons mêmes qu'il allègue pour la réfuter ne font que la confirmer. « Nous voulons, dit-il, que le travail soit organisé de manière à amener la suppression de la misère, non pas seulement afin que les souffrances matérielles du peuple soient soulagées, mais aussi, mais surtout afin que chacun soit rendu à sa propre estime; afin que l'excès du malheur n'étouffe plus chez personne les nobles inspirations de la pensée et les jouissances d'un légitime orgueil; afin qu'il y ait place pour tous dans le domaine de l'éducation et aux sources de l'intelligence.

« Pourquoi séparer ce qu'il a plu à Dieu de rendre, dans l'être humain, si absolument inséparable? Car, enfin, la vie est double par ses manifestations, mais elle est une par son principe. Il est impossible d'attenter à l'un des modes de notre existence sans entamer l'autre. Quand le corps est frappé, n'est-ce point l'âme qui gémit? La main de ce mendiant, tendue vers moi, me révèle la déchéance forcée de sa nature morale, et dans le mouvement de cet esclave qui s'agenouille, qui tremble, je découvre l'abaissement de son cœur.

« Que le christianisme ait frappé la chair d'anathème, c'est vrai; mais cet anathème ne fut qu'une réaction nécessaire contre la grossièreté des mœurs païennes. Le paganisme avait été une longue et brutale victoire de la force sur l'intelligence, des sens sur l'esprit. Le christianisme ne vint pas rétablir l'équilibre : il fit durer le combat, en déplaçant la victoire. C'est ainsi qu'après avoir adopté, avec les dogmes du péché originel, de la chute des anges, du paradis et de l'enfer, l'antique théorie de la lutte des deux principes : *le bien et le mal*, il plaça le principe du mal dans la matière. Mais fallait-il confondre ce que le christianisme avait de relatif, de transitoire, avec ce qu'il avait de divin et d'éternel? Fallait-il s'écrier : La souffrance est sainte à jamais!

« Et qui ne sait combien l'abus de la pensée chrétienne a produit de maux? Il s'est trouvé, dans le spiritualisme catholique, une source d'oppression tout aussi féconde, hélas! que dans le matérialisme païen........ Le paganisme avait outragé l'âme humaine jusqu'à faire des esclaves; le catholicisme a dédaigné le côté matériel de l'humanité jusqu'à souffrir qu'il y eût des pauvres. »

Quant à la question capitale de l'économie politique, la question de la population, M. Louis Blanc la résout absolument dans le même sens que les économistes de l'école anglaise. « S'il est, dit-il, un fait incontestable, c'est que l'accroissement de la population est beaucoup plus rapide dans la classe pauvre que dans la classe riche; il faut l'attribuer à l'impossibilité où les journaliers se trouvent d'espérer et de prévoir. Celui-là seul *peut mesurer le nombre de ses enfants à la quantité de son revenu*, qui se sent maître du lendemain. Mais quiconque vit au jour le jour, subit le joug d'une fatalité mystérieuse à laquelle il voue sa race, parce qu'il y a été voué lui-même......... L'excès de population serait-il à craindre, lorsque, assuré d'un revenu, tout travailleur aurait acquis nécessairement des idées d'ordre et des habitudes de prévoyance! »

Le système de M. Proudhon, infiniment plus conséquent et plus complet que celui de M. Louis Blanc, présente, quant aux principes fondamentaux, des analogies frappantes avec les théories des économistes sensualistes. Seulement il remonte plus haut qu'eux; il est, dans ses erreurs, plus profond et plus logique. C'est le panthéisme qui fait le fond de sa doctrine : tout son *Système des contradictions économiques* n'est que l'application de l'idée panthéiste à l'organisation de la société. C'est du panthéisme que vient directement la pensée qui domine tout le système de M. Proudhon, l'indissoluble union de la matière et de l'esprit. De ce principe sort toute une théorie matérialiste de la civilisation. Après avoir lu ce livre, où éclatent à chaque page l'erreur et le blasphème, on reste douloureusement frappé du cynisme avec lequel l'auteur mêle constamment les noms des choses les plus saintes aux conceptions d'un sensualisme repoussant. A chaque instant la vertu y est invoquée, mais l'auteur ne se prosterne devant elle que pour l'outrager. La vertu, pour M. Proudhon, n'est plus cette victoire de l'homme sur ses passions, dans laquelle tous les siècles ont vu la véritable grandeur de l'humanité; la vertu, pour M. Proudhon, est fille du bien-être; elle ne peut exister là où règne la misère. « Que le prêtre, dit-il, se mette enfin dans l'esprit que le péché c'est la misère, et que la véritable vertu, celle qui nous rend dignes de la vie éternelle, c'est de lutter contre la religion et contre Dieu (1). » Un peu plus haut il disait : « La vie de l'homme, affirme la philosophie, est un affranchissement perpétuel de l'animalité et de la nature, une lutte contre Dieu. Dans la pratique religieuse, la vie est la lutte de l'homme contre lui-même, la soumission absolue de la société à un être supérieur : *Aimez Dieu de tout votre cœur*, nous dit l'Évangile, *et haïssez votre âme pour la vie éternelle*, précisément le contraire de ce que nous commande la raison. »

Est-il étonnant, après une pareille profession de foi, que l'économie sociale soit pour M. Proudhon, comme pour les économistes de l'école sensualiste, tout entière dans les limites de l'économie politique. « L'économie politique, dit-il, n'est point la science de la société, mais elle contient les matériaux de cette science, de la même manière que le chaos, avant la création, contenait les éléments de l'univers. » Cette con-

(1) *Système des contradictions économiques*, t. II, p. 529.

fusion était une conséquence de ses prémisses à laquelle l'auteur ne pouvait échapper. Les sens et l'esprit étant inséparables, tout le progrès social s'opérera par la diffusion du bien-être; tout le monde sera vertueux quand, par l'effet de la nouvelle organisation économique de la société, tout le monde sera riche.

De ces doctrines suit nécessairement le principe du développement indéfini des besoins. Aussi tout le système des contradictions économiques vient-il aboutir à cette proposition : « Le travail ayant synthétisé et réglé tous ses organes, possède en lui-même la faculté de multiplier nos moyens d'existence en quantité toujours supérieure à nos besoins, et par conséquent d'accroître nécessairement notre bien-être, quel que soit d'ailleurs l'accroissement de la population. » Chercher quelle est cette organisation du travail qui répondra à l'application du principe du développement indéfini des besoins, tel est le but de l'audacieux réformateur.

D'abord M. Proudhon se demande d'où provient la misère, source de tous les maux dont souffre la société. Suivant lui, il y a, dans la misère de l'homme, une part que l'on ne peut évidemment pas rejeter sur la nature, et qui provient exclusivement de l'inertie de l'homme : c'est la misère du sauvage. C'est ce qu'il appelle la misère prématurée, c'est-à-dire celle qui arrive longtemps avant que l'homme, s'emparant des forces naturelles, leur ait fait rendre tout ce qu'elles sont susceptibles de donner. Mais la misère qui saisit le civilisé n'est-elle pas aussi, comme la misère du sauvage, nécessairement et toujours prématurée? Cette recherche est du plus haut intérêt; car, s'il était vrai que la misère du civilisé eût pour cause unique un défaut d'ordre, il se pourrait que, dans un état d'organisation parfaite, non-seulement la misère fût ajournée de nouveau pour un temps, mais qu'il existât une vertu spécifique qui rétablirait le niveau entre la population et la production, sans que la prudence humaine eût besoin d'intervenir d'aucune autre manière, et, par un artifice quelconque, de rétablir l'équilibre. On sent, ajoute l'auteur, de quelle importance il est pour l'humanité de vérifier cette hypothèse. Si une telle hypothèse devenait vérité, la misère se trouverait indéfiniment écartée, et le problème de notre destinée, le problème de la destinée du monde, se présenterait sous une tout autre face.

Voici, en résumé, comment procède l'auteur pour vérifier cette hypothèse; cette courte analyse nous donnera une idée nette des principes qui forment la base de tout le système.

Le travail est le principe de la richesse, la force qui crée, mesure et proportionne les valeurs. Mesurer et proportionner, c'est encore distribuer. Le travail porte donc en soi une puissance d'équilibre en même temps que de fécondité, qui paraît devoir assurer l'homme contre toutes les chances de dénûment. Mais, pour devenir efficace, le travail a besoin de se définir, c'est-à-dire de s'organiser. Tant que son organisation n'a pas reçu la dernière main, c'est une force vague et stérile, une idée inintelligible. Quels sont les organes du travail, quelles sont les formes par lesquelles le travail humain produit et constitue la valeur et chasse la misère? Les formes catégoriques du travail sont : la division du travail, les machines, la concurrence, le monopole, l'État ou la centralisation, le libre échange, le crédit, la propriété et la communauté. Nous n'avons pas besoin, pour le but que nous nous proposons, d'examiner en détail comment l'auteur cherche à prouver que, dans l'organisation actuelle des sociétés, chacune de ces formes du travail ne fait qu'accroître la misère. Il nous suffit d'appliquer les principes de l'auteur sur l'accroissement dans la puissance productive du travail au problème capital de la science économique, au problème de la population.

« C'est, dit-il, par la concurrence que la production des richesses prend décidément le devant sur la procréation des hommes. Par la concurrence, chaque producteur est forcé de produire toujours à meilleur marché, ce qui veut dire toujours plus que le consommateur ne demande; par conséquent, de fournir, chaque soir, garantie à la société de la subsistance du lendemain. Comment donc, dans un semblable système, est-il possible que la somme des subsistances tombe au-dessous des besoins de la population?

« Je suppose que deux hommes isolés, sans instruments, disputant aux bêtes leur chétive nourriture, rendent une valeur égale à 2, que ces deux misérables changent de régime et unissent leurs efforts par la division, par la mécanique qui en résulte, et par l'émulation qui vient à la suite; leur produit ne sera donc plus comme 2, il sera comme 4, puisque chacun ne produit plus seulement pour lui, mais aussi pour son compagnon. Si le nombre des travailleurs est doublé, la division devenant, en raison de ce doublement, plus profonde qu'auparavant, les machines plus puissantes, la concurrence plus active, ils produiront 16; si leur nombre est quadruplé, 64. Donc, si la puissance de reproduction génitale de l'espèce humaine s'exprime par la progression 1, 2, 4, 8, 16, 32, 64, etc., la puissance de reproduction industrielle devra s'exprimer par la progression 1, 4, 16, 64, 256, 1024, 4096. En autres termes, dans une société organisée, la production s'accroît comme le carré du nombre des travailleurs.

« Ainsi la concurrence, par son côté positif et social, a bien pour but de réduire indéfiniment le prix des choses, conséquemment d'augmenter sans cesse la somme des valeurs et de mettre la production en avance de la population; mais, par son côté négatif et égoïste, la concurrence tourne de richesse à pauvreté, puisque la réduction de prix qu'elle entraîne, d'un côté ne profite qu'aux vainqueurs, de l'autre laisse les vaincus sans travail et sans ressources. La concurrence, dit la théorie, doit enrichir tout le monde. Mais, par l'imperfection de l'organisme social, la pratique prouve que là où la concurrence est devenue générale, il y a juste autant de malheureux que d'enrichis.

« Ce qu'il faut accuser ici est donc le vice propre de l'institution : l'insuffisance de l'idée. Il est prouvé désormais que cette nécessité de la misère qui tout à l'heure nous a plongés dans la consternation n'est point absolue; c'est, comme dit l'école, une nécessité de contingence. Contre toute probabilité, la société souffre de ce qui devrait faire son salut. Toujours la misère est prématurée, toujours le paupérisme anticipe : à l'encontre du sauvage, à qui la disette vient par l'inertie, elle nous vient à nous par l'action, et notre travail ajoute sans cesse à notre indigence. »

Quel sera le moyen de sortir de ces contradictions entre la puissance des formes du travail et leurs effets sur la société dans l'ordre actuel ? Quelle sera, pour nous servir de la langue de M. Proudhon, la formule qui renfermera l'équation de ces contradictions ? « Ce doit être, répond M. Proudhon, une loi d'échange, une théorie de mutualité, un système de garanties qui résolve les formes anciennes de nos sociétés civiles et commerciales et satisfasse à toutes les conditions d'efficacité, de progrès et de justice qu'a signalées la critique ; une société non plus seulement conventionnelle mais réelle, qui abolisse la servitude des machines, et prévienne les crises de leur apparition ; qui fasse de la concurrence un bénéfice, et du monopole un gage de sécurité pour tous ; qui, par la puissance de son principe, au lieu de demander crédit au capital et protection à l'État, soumette au travail le capital et l'État ; qui, par la sincérité de l'échange, crée une véritable solidarité entre les peuples ; qui, sans interdire l'initiative individuelle, sans prohiber l'épargne domestique, ramène incessamment à la société les richesses que l'appropriation en détourne ; qui, par ce mouvement de sortie et de rentrée des capitaux, assure l'égalité politique et industrielle du citoyen, et, par un vaste système d'éducation publique, procure, en élevant toujours leur niveau, l'égalité des fonctions et l'équivalence des aptitudes; qui, par la justice, le bien-être et la vertu, renouvelle la conscience humaine, assure l'harmonie et l'équilibre des générations; une société, en un mot, qui, étant tout à la fois organisation et transition, échappe au provisoire, garantisse tout et n'engage rien. »

On le voit, c'est la réforme de la société dans tous ses éléments qui sortira du système de mutualité; la loi d'échange contient en germe la science sociale tout entière; avec la réduction du revenu et la banque d'échange, le vice et la misère auront pour jamais disparu du monde; le principe du développement indéfini des besoins aura trouvé sa légitime satisfaction, et par lui l'ordre social aura été replacé dans ses conditions naturelles d'harmonie et de progrès. Si M. Proudhon se trompe grossièrement, il a du moins le mérite d'être conséquent dans ses erreurs. Le principe du développement indéfini des besoins étant la règle suprême de l'humanité, il est évident que l'organisme social doit répondre à cette loi et que l'humanité doit être placée dans des conditions qui la mettent à même de donner carrière à ses irrésistibles et légitimes instincts. Si la société, telle qu'elle existe présentement, ne satisfait point à cette nécessité, c'est que les hommes ont corrompu la nature des choses; il faut se hâter d'y revenir, et la mission des réformateurs comme M. Proudhon, c'est d'y ramener l'humanité.

Tout en affirmant que la production s'accroît comme le carré du nombre des travailleurs, M. Proudhon est trop sagace pour n'avoir point aperçu la loi qui pose des limites de plus en plus resserrées à la puissance de produire de l'industrie agricole. Il reconnaît que, dans une société organisée, c'est-à-dire, dans une société formée d'après le principe de mutualité, « la somme de travail, bien qu'elle semble toujours diminuer par la division du travail, les machines, etc., augmente continuellement au contraire pour le travailleur collectif et pour chaque individu, en sorte que, plus l'industrie se perfectionne, plus le travail augmente pour tout le monde en intensité et en durée, plus, par conséquent, la production relative diminue. Et l'on arrive à cette conséquence : dans la société multiplicité de produits est synonyme de multiplication de travail. »

C'est dans cette nécessité toujours croissante d'un travail plus considérable en intensité ou en durée, qu'il trouve *le principe d'équilibre que tout organisme doit porter en lui-même et la loi supérieure d'où résulte l'harmonie du globe et de l'humanité.* La même force, le même principe de vie qui préside à la création des valeurs, préside aussi à la reproduction de l'espèce. La faculté industrielle ne s'exerce qu'aux dépens de la puissance procréatrice; suivant M. Proudhon, cela peut passer pour un aphorisme de physiologie, aussi bien que de morale. Il suit de là qu'à mesure que l'humanité sera obligée, pour se conserver une somme égale de bien-être, d'augmenter son travail, par là même l'accroissement de la population se ralentira, de sorte que l'équilibre entre la population et le globe, comme dit M. Proudhon, ou, ce qui revient en définitive au même, entre la population et les subsistances, sera constamment maintenu. M. Proudhon reconnaît que le progrès de la chasteté est une condition indispensable du progrès des sociétés; mais, au lieu de considérer avec tous les siècles la chasteté comme la plus sublime victoire de l'homme sur lui-même, il n'y voit que la conséquence des lois suivant lesquelles s'opèrent les progrès de l'humanité dans l'ordre des jouissances matérielles.

Que Fourier et toute son école embrassent également le principe du développement indéfini des besoins, c'est ce qui résulte, avec la dernière évidence, de la donnée principale et de tout l'ensemble du système phalanstérien. C'est ce principe, suivi dans ses conséquences avec une imperturbable logique, qui a précipité Fourier dans les extravagances qui ont tant amusé le public aux dépens de ses disciples. L'axiome qui sert de point de départ à la théorie sociétaire, *Les destinées sont proportionnelles aux attractions*, n'est que la traduction en langage harmonien du principe du développement indéfini des besoins. L'homme est possédé d'une soif inextinguible de jouissances; mais, pour parvenir à la possession des objets de ses convoitises, il faut qu'il travaille. Or, le travail le fatigue et le rebute; comment expliquer cette contradiction, comment concilier ce désir inné de félicité indéfinie avec cette loi de contrainte et de souffrance? Pour qui n'admet pas le dogme chrétien de la déchéance et la loi du sacrifice, qui en est la conséquence, tout doit être légitime dans les inclinations de l'homme. La philosophie du bien-être qui fait du penchant des hommes aux jouissances matérielles une loi providentielle de l'humanité, qui trouve dans ce penchant la source du progrès des sociétés et qui se résume dans la formule du développement indéfini des besoins, est un premier pas dans la voie où conduit invinciblement le mépris de la vérité chrétienne; c'est un essai timide et irrésolu de réhabilitation des penchants que condamne la sévérité de la loi chrétienne. Les écrivains qui le tentent, retenus par la puissance du sens commun, cherchent à se dissimuler à eux-mêmes la portée de leur principe; ils s'efforcent de le concilier avec l'idée du juste et de l'honnête, telle que la foi religieuse l'a imprimée dans la conscience universelle; mais, comme au fond il y a incompatibilité radicale entre leur juste et leur honnête, et le juste et l'honnête de la loi divine, l'illusion ne peut pas être longue. Tôt ou tard, il se rencontre des esprits audacieux, que le sens commun n'arrête pas, et qui, avec une impitoyable rigueur de déduction, poussent l'idée fausse dont ils s'emparent jusqu'à ses dernières conséquences, c'est-à-dire jusqu'à l'absurde. Fourier est de ceux-là; sa théorie n'est autre chose que la réhabilitation de tous les instincts de l'homme, même des plus dépravés; tous ses efforts tendent à refaire la société à l'aide des passions rendues à leur cours naturel; la civilisation comprime les instincts de l'humanité en les détournant de leur véritable fin, elle les déprave; l'harmonie sociétaire remet toutes choses à leur place; à chacun des attraits qui sollicitent la volonté de l'homme, correspond un exercice utile et légitime de ses facultés; tout ce qui flatte les penchants de l'homme, tout ce qui satisfait ses passions, est bon. Pour les doctrines qui placent la fin de l'homme plus haut que ce monde, la mesure de l'utile véritable c'est le bien absolu; pour Fourier, au contraire, l'utile est la mesure du bien. Suivez-le dans tous les détails d'application de son système, et vous n'y trouverez pas autre chose.

Le travail, condition nécessaire de l'existence humaine, est fatigant, repoussant parfois; la loi naturelle du genre humain, l'harmonie, le rendra attrayant; on l'organisera dans le phalanstère par groupes et par séries, sous l'empire de trois passions : la papillonne, la cabaliste et la composite. Par cette combinaison, le besoin de changement qui tourmente le cœur de l'homme étant satisfait, l'émulation et l'entraînement qui agissent sur les hommes réunis au point de les enlever à eux-mêmes et de les pousser en commun vers un but unique, feront du travail un plaisir qui ne s'épuisera jamais. Sous ce régime, la puissance productive du travail étant indéfinie, elle assurera aux hommes des jouissances matérielles dont les civilisés ne peuvent concevoir aucune idée. Ainsi sera comblé ce désir de bonheur matériel, qui est une des propensions les plus fortes, et, par conséquent, suivant Fourier, une des propensions les plus légitimes de l'homme. Dans l'ordre moral, l'harmonie s'établira d'après les mêmes principes; on fera régner partout la vertu en supprimant la notion du mal. Le mal est une conception fausse de la civilisation; il n'existe que dans les institutions des civilisés. La corruption de l'homme le rend inconstant dans ses affections, impatient des liens qui retiennent la mobilité de ses passions dans les limites du devoir et de l'intérêt social; le fouriérisme rompra ces liens; la promiscuité remplacera le mariage; la règle de conduite des hommes dans cet ordre sera le caprice de leurs passions déchaînées; dans ce système, plus de paternité certaine, éducation en commun de tous les enfants du phalanstère : en un mot, destruction radicale de la famille, dont les lois douces et sévères à la fois ne peuvent plus s'accorder avec les inclinations dépravées dont le fouriérisme fait la règle suprême de la sociabilité.

Quiconque suivra attentivement la déduction des idées de Fourier, trouvera que son système est à la fois le plus conséquent et le plus extravagant de tous les systèmes sociaux non chrétiens. Le raisonnement par lequel les économistes sensualistes établissent la légitimité du penchant des hommes aux jouissances matérielles, et à l'aide duquel ils frappent de réprobation le principe chrétien du sacrifice, il en fait, lui, une rigoureuse application à l'ordre social tout entier; le fouriérisme est, dans son principe et dans toutes ses applications, la négation la plus complète de la loi chrétienne et de l'ordre social sorti de cette loi. Dans le christianisme est renfermée toute vérité sociale; dans le fouriérisme sont accumulées et systématisées toutes les erreurs qui jamais aient tenté d'usurper dans la société la place de la vérité. Le fouriérisme, c'est la réfutation par l'absurde de tous les essais faits dans ces derniers temps pour constituer la science sociale sur des principes en opposition avec la loi chrétienne. La conscience humaine se révolte à la vue des coupables folies où conduisent des principes qui longtemps n'avaient passé que sous la protection des inconséquences de leurs propagateurs; l'erreur ainsi dévoilée, il ne reste plus de refuge que dans la vérité.

CHAPITRE V.

Du principe chrétien dans l'ordre économique.

Nous venons de voir ce que peuvent, pour la société, les doctrines qui flattent le plus les penchants dépravés de l'homme. A mesure que pénètre plus avant dans le monde le principe sensualiste, même avec les tempéraments qu'y apporte l'économie politique anglaise, la misère gagne insensiblement de proche en proche dans les classes ouvrières. Le mal qui ronge le corps social n'est point de ces maux qui, apparaissant tout à coup, épouvantent les regards par la rapidité de leurs progrès, mais il n'en est pas moins destructeur dans ses effets; c'est un poison lent qui donne la mort aussi sûrement que les plus prompts. Le socialisme est plus impatient dans ses aspirations vers les jouissances matérielles, plus résolu dans ses moyens. Pour lui, les faits, les traditions ne sont rien : il a hâte d'en finir avec un passé où l'homme n'a vécu que sous la loi d'une perpétuelle contrainte. Livrez-lui la société, et bientôt il aura établi sa domination sur des ruines.

Mais Dieu n'a pas abandonné le monde social au hasard des conceptions humaines. Il lui a donné une loi que l'homme peut méconnaître, mais dont il ne secoue pas impunément le joug : c'est la loi du sacrifice, du renoncement à soi. C'est par la vertu de cette loi, source et fin de toute la doctrine chrétienne, que, depuis dix-huit siècles, le monde a été transformé ; c'est elle qui a, par degrés, émancipé l'esclave pour l'élever à la dignité de travailleur libre ; qui, en restituant à la famille sa sainteté, a fondé l'ordre social sur de nouvelles bases ; qui, enfin, a rendu possible la liberté sans licence et l'ordre sans despotisme. C'est par l'application incessante de la loi du sacrifice que, du mélange d'une société qui se mourait de corruption et d'une autre société encore plongée dans la barbarie, le christianisme a fait sortir cette société moderne, si grande, si forte encore, malgré les cruelles épreuves auxquelles la soumet l'oubli du principe qui avait été, pendant des siècles, la source de ses prospérités. C'est dans ce principe, qui heureusement vit encore au fond du cœur des peuples chrétiens, que nos sociétés puiseront la force de vaincre le mal auquel il semble parfois qu'elles vont succomber. L'excès même des souffrances qu'elles endurent finira par dessiller les yeux, et par rendre aux volontés cette énergie morale dont l'affaiblissement est une des plus tristes conséquences de l'oubli de la loi du sacrifice.

Que toute la vie morale de l'homme, et par conséquent la vie des sociétés, soient régies par la loi du sacrifice de soi-même, du renoncement de l'homme à ses penchants les plus flatteurs, c'est ce que proclame hautement la conscience du genre humain. N'est-ce pas l'abnégation de soi que l'antiquité vénérait dans le dévouement de ses grands hommes à leur patrie? Les sages du monde païen n'exaltaient-ils pas par-dessus tout la victoire de l'homme sur lui-même? On a pu faire de cette loi universelle des applications fausses, coupables parfois; on a pu, comme de nos jours, essayer de l'effacer du cœur et de l'esprit des hommes; mais elle s'est trouvée plus forte que toutes les erreurs et que toutes les passions. C'est que, depuis la déchéance primitive, il y a une corrélation intime, nécessaire, entre cette loi et la nature de l'homme. La chute a introduit en nous la division; l'homme est capable de s'élever jusqu'au bien suprême, mais il est capable aussi de se plonger dans des abîmes d'iniquité; il se livre en nous une lutte de tous les instants : le bien et le mal se disputent notre vie. Pour rester bon il faut que l'homme fasse en quelque sorte le sacrifice d'une moitié de soi-même; ce n'est qu'à la condition de vaincre l'attrait qui le sollicite au mal, de se renoncer lui-même, qu'il pourra s'élever aux sublimités de la vertu. Aussi ne conçoit-on la vertu que comme un sacrifice au bien; on peut, dans l'application, altérer la notion du bien, et égarer les dévouements de l'homme, mais jamais on ne comprendra la vertu séparée du sacrifice.

Ainsi, lorsque le christianisme fait du renoncement la règle suprême de nos actions, lorsqu'il nous impose cette loi de la mortification, qui répugne si fort aux écrivains dont nous avons jusqu'ici combattu les doctrines, il ne fait que traduire en précepte un des faits les moins contestables de notre nature morale, il ne fait que sanctionner une des nécessités les mieux constatées par l'assentiment des hommes de tous les temps.

S'il est vrai que le perfectionnement moral de l'homme ne s'opère que sous l'empire de cette loi, il sera vrai de dire que le progrès des sociétés en dépendra également, les sociétés ne pouvant être que ce que sont les individus qui les composent. A mesure que les volontés s'épureront par l'action du principe du renoncement, l'ordre social se régularisera et garantira mieux les conditions essentielles de l'existence commune. L'homme, en possession de la sécurité et de la liberté, sans lesquelles il n'aurait ni la volonté, ni le pouvoir d'opérer aucun progrès, développera dans tous les sens les nobles facultés dont la Providence l'a si richement pourvu. A mesure que son cœur s'élèvera, son intelligence découvrira des horizons plus vastes. Sa volonté, guidée par les clartés plus vives de la science, fortifiée par l'habitude des luttes intérieures, triomphera plus facilement des résistances de la nature ; à l'aide du travail, il créera des richesses qui serviront à améliorer la condition de tous, et le progrès matériel ira de pair avec le progrès des mœurs et le progrès des idées.

Que, dans l'ordre économique comme dans tous les autres, le principe social chrétien, c'est-à-dire le principe du renoncement, du sacrifice, soit la source de tous les progrès, que tout le mouvement économique relève en définitive de ce principe, qu'ici comme ailleurs il soit la force régulatrice sans laquelle l'activité humaine s'égarerait infailliblement et se perdrait dans des abîmes, c'est ce qui résulte de l'examen sérieux des conditions auxquelles il est donné à l'homme de réaliser, dans la société, cette idée de perfection qu'il porte en lui et qu'il poursuit avec une si infatigable ardeur. Quelle est-elle dans l'ordre de la richesse, cette perfection, objet des vœux et des efforts constants de l'homme réhabilité par le christianisme ?

C'est de voir les biens de ce monde tellement répartis, que le nécessaire ne manque à aucun des hommes que la Providence a placés dans les conditions les plus humbles, et qui forment dans toutes les sociétés les classes les plus nombreuses. Rendre l'aisance aussi générale que possible, tel est, sous l'empire des idées chrétiennes, le but dernier de toute science économique. Dans l'antiquité païenne, loin des lumières de la révélation divine, on a pu voir les esprits les plus éminents admettre en principe la supériorité native des hommes libres sur les esclaves, et légitimer ainsi l'exploitation des races asservies par les races dominatrices. De nos jours, un aussi grave oubli des lois naturelles de l'ordre social n'est plus possible. Si la charité chrétienne a perdu beaucoup de sa puissance sur les mœurs, elle l'a conservée tout entière sur les idées; une science qui traiterait de la richesse, et ne se proposerait pas pour fin dernière l'équitable répartition des produits, serait accueillie par une réprobation universelle.

Pour montrer comment l'action du principe social chrétien assure cette équitable répartition de la richesse, pour faire voir comment seul il a la puissance de combattre cette misère toujours croissante, qui inspire à nos sociétés des craintes si vives, et dont le débordement leur imprime parfois des secousses si profondes, il ne nous faudra pas de longues considérations; les choses parlent d'elles-mêmes. Il nous suffira de mettre les préceptes de la loi chrétienne en regard des faits constatés par les économistes et des vérités définitivement acquises à la science. De ce rapprochement sortira naturellement la confirmation de notre proposition fondamentale. Cet accord du principe chrétien avec les conclusions de la science économique est si évident, qu'après l'avoir constaté, on ne s'étonne que d'une chose : c'est que l'économie politique n'ait pas été depuis longtemps, par la force même de ses principes, par le cours naturel des déductions, amenée à proclamer que ce qui est vérité dans l'ordre de la loi chrétienne l'est aussi dans l'ordre économique.

Remarquons d'abord que le principe du renoncement n'a point pour effet de maintenir les sociétés dans un état d'infériorité nécessaire quant au progrès de la richesse. Le principe du renoncement n'interdit point aux hommes le désir légitime d'améliorer leur condition ; il ne fait que le régler et le renfermer dans les limites du juste et du possible. Dans ces limites, il donne, au contraire, au travail une puissance qu'il n'a point sous l'empire du principe sensualiste, et il lui assure en outre le bienfait de la sécurité et de la liberté, fruit du perfectionnement moral résultant de l'action exercée sur les consciences par la doctrine du sacrifice. Qui est-ce qui a réhabilité le travail en lui donnant le caractère d'un acte méritoire devant Dieu, et en l'associant, dans la vie religieuse, aux pratiques les plus élevées de l'ordre spirituel ? Qui est-ce qui a flétri la paresse en la mettant au nombre des vices capitaux? Qui est-ce qui a émancipé les travailleurs et leur a rendu, avec l'estime d'eux-mêmes, l'indépendance sans laquelle le travail n'est qu'une contrainte odieuse et souvent stérile? Qui est-ce qui a fait de l'esclave insouciant et corrompu un travailleur libre, portant dans ses mains son sort et celui de ses enfants, soigneux de perfectionner son travail par le double sentiment du devoir et de l'amour paternel, et servant, par son application à rendre ses labeurs plus productifs, les intérêts de la société aussi bien que les siens? N'est-ce point le christianisme qui, par la doctrine du sacrifice, a opéré ces merveilles? N'est-ce pas lui encore qui, en assurant par le renoncement la victoire de l'esprit sur les sens, a rendu possible ce magnifique développement des sciences, condition nécessaire de tout progrès dans la puissance productive du travail? Certes, la doctrine qui imprime un tel degré d'énergie à la plus importante des forces qui concourent à la production des richesses, n'est point l'ennemie du progrès matériel, en tant qu'il a pour fin dernière l'amélioration du sort du grand nombre. La première chose à faire pour parvenir à cette fin, c'est de rendre aussi considérable que possible la somme des richesses à répartir entre ceux qui ont concouru à la production; en augmentant la puissance du travail, le principe du renoncement réalise cette condition première du progrès économique.

Le travail ne produit pas seul : il lui faut le concours du capital; plus le capital sera abondant, plus seront énergiques les instruments mis au service du travail, et plus grande sera la puissance de celui-ci. Or, le principe du renoncement seconde merveilleusement l'accumulation du capital. Tout capital provient de l'épargne, et l'épargne bien entendue, celle qui tient le milieu entre la prodigalité et l'avarice, n'est possible que par la modération des désirs. Donnez carrière à l'amour des jouissances matérielles, et le revenu, loin de comporter des économies, suffira à peine aux convoitises insatiables que le principe sensualiste aura éveillées dans les âmes.

Des principes que nous avons pris soin d'établir dans notre second chapitre, il résulte que, de tous les perfectionnements dans la production, les plus souhaitables et les plus difficiles à obtenir sont ceux qui s'opèrent dans l'industrie agricole. C'est de là que vient l'obstacle qui arrête le développement de l'industrie; toute conquête dans cet ordre est un soulagement pour les sociétés qui voient par là reculer les bornes posées par la nature à leurs progrès dans la richesse. Que faut-il pour hâter ces perfectionnements dans la culture du sol? D'abord des capitaux abondants; c'est là surtout ce qui manque aux exploitations agricoles. Or, nous venons de voir comment le principe du renoncement en provoque l'accroissement. Ce qui souvent détourne les possesseurs de capitaux de les fixer dans le sol, c'est la lenteur avec laquelle s'opèrent les progrès dans l'industrie de l'agriculteur. Les entreprises de l'industrie manufacturière, si elles offrent plus de risques, attirent pourtant davantage par l'appât de profits plus prompts et plus considérables. Aussi dans les sociétés où le principe du développement indéfini des besoins pousse aveuglément les hommes à accroître sans mesure leurs richesses, les capitalistes se précipitent-ils avec une déplorable irréflexion dans les opérations hasardeuses de la grande industrie, dont le succès passager trompe un moment les regards, mais qui trop souvent n'aboutissent qu'à une ruine dont le contre-coup produit ces crises si désastreuses pour les travailleurs de tous les rangs. L'industrie agricole ne fait point de si magnifiques promesses; ses succès sont moins brillants, mais aussi plus sûrs. Pour se contenter des profits restreints de l'agriculture, pour aimer la vie simple et modeste de l'agriculteur, il faut dans les goûts une modération que le principe sensualiste tend à remplacer par le désir toujours croissant des jouissances du luxe. Ainsi, en portant les hommes à préférer à des positions brillantes, mais sujettes à bien des chances, une existence moins fastueuse, mais aussi plus reposée et plus assurée, le principe du renoncement non-seulement rend plus douce la condition des individus, mais encore active le progrès général de la richesse par l'impulsion qu'il imprime à la production agricole. D'ailleurs, pour l'industrie agricole comme pour toutes les autres, le principe du renoncement, en épurant les mœurs du travailleur, le rend plus appliqué à l'ouvrage; en l'éloignant des excès qui abrutissent, il favorise en lui le développement de l'intelligence, condition indispensable de tous les perfectionnements dans les procédés du travail. Ce ne sont pas seulement les découvertes du génie qui accroissent la puissance productive d'un peuple; en fait d'agriculture surtout, les soins constants et scrupuleux du travailleur, l'amour, si je l'ose dire, de l'ouvrier pour l'ouvrage, son intelligente docilité à accepter les procédés perfectionnés que lui offre la science, sont aussi indispensables que la science même.

Mais ce n'est pas assez d'accroître la somme

des richesses sociales, il faut encore répartir ces richesses de telle façon que les hommes qui vivent de leur travail, et qui sont en tout pays les plus nombreux, trouvent dans le produit de ce travail des ressources suffisantes pour les mettre à l'abri du besoin. Ici nous abordons la difficulté capitale de l'économie politique, la question des salaires. De quoi dépend le taux des salaires? On est aujourd'hui d'accord, parmi les économistes qui font autorité, que le taux des salaires, c'est-à-dire, la quantité de choses utiles que l'ouvrier obtient en échange de son travail, dépend d'abord de la proportion entre le nombre des travailleurs et le capital, et ensuite du rapport de la population aux subsistances.

C'est le capital que demande le travail; pour produire il faut des avances de toutes sortes : il faut des matériaux, des matières premières, des outils, des machines; il faut, en outre, des subsistances pour faire vivre l'ouvrier pendant tout le temps que durera l'opération productrice. Le travailleur qui n'a pas d'avances ne peut rien sans le capitaliste, et celui-ci à son tour ne peut rien sans le travail, qui met le capital en œuvre et en tire une somme de choses utiles plus considérable que celle absorbée par la production, de manière à lui faire rendre un profit pour son possesseur. Lorsqu'un capitaliste consacre à la production une certaine somme de capital, il conclut, avec les travailleurs dont il réclame l'assistance, un marché dont les conditions sont arrêtées d'après les lois générales qui règlent tous les marchés, d'après la loi d'offre et de demande. Si le capital est abondant, tandis que les travailleurs sont peu nombreux, ceux-ci profiteront de leur position pour faire les conditions plus dures au capitaliste; ils exigeront une part du produit plus considérable, en d'autres termes, un salaire plus élevé, le salaire n'étant autre chose qu'un marché à forfait par lequel le capitaliste fait aux ouvriers l'avance de la part qui leur revient dans le résultat de la production. A l'inverse, si les ouvriers sont nombreux en raison du capital qui demande leur travail, le capitaliste prendra ses avantages ; les ouvriers, pressés par la nécessité de vivre, offriront leurs bras au rabais; le capital que l'entrepreneur destine à l'entretien des travailleurs restant une quantité fixe, et le nombre de ceux qui se présentent pour y prendre part étant plus grand, la part de chacun sera moindre. Lorsque la demande des bras dépassera l'offre, l'ouvrier prendra dans le produit une part proportionnelle plus forte ; dans le cas inverse, il prendra une part proportionnelle plus faible. Ainsi, dans le premier cas, l'ouvrier, maître de faire les conditions à l'entrepreneur, recevra, par exemple, un salaire équivalant aux 9/10 du produit de son travail. Dans le second cas, lorsque la concurrence des travailleurs entre eux fait baisser le taux des salaires, il recevra peut-être un dixième de moins.

Mais ces données ne suffisent pas pour apprécier la quantité de choses utiles que l'ouvrier recevra en échange de son travail. Il faut, pour parvenir à la solution du problème, prendre en considération un autre élément de la question : le rapport des subsistances à la population. C'est en vain que l'ouvrier obtiendrait une part proportionnelle considérable du produit créé par son travail : s'il est obligé de céder, pour obtenir les choses nécessaires à son alimentation, la plus grande partie de ce qui lui est accordé comme salaire, il ne jouira en effet d'aucune aisance. Si, tandis qu'il obtient les neuf dixièmes du produit de son travail comme salaire, il est obligé d'en céder huit pour les choses d'alimentation, il ne lui en restera qu'un seul pour pourvoir à ses autres besoins. Au contraire, s'il ne reçoit comme salaire que les huit dixièmes du produit créé par lui et qu'il n'en faille que six pour les choses d'alimentation, il pourra disposer des deux dixièmes qui restent pour ses autres consommations. Or, comme ce sont toujours en définitive les quantités de travail fixées dans les choses qui s'échangent et qui déterminent la valeur relative de ces choses, il s'ensuit que, lorsque l'ouvrier sera obligé de consacrer une part considérable de ce qui lui revient dans le produit de son travail à l'achat des denrées alimentaires, c'est qu'il faudra, pour produire les denrées qu'il consomme en une journée, une part considérable du travail d'une journée appliqué à la production agricole. C'est un fait que nous avons déjà expliqué dans notre chapitre II. Il résulte de là que, pour que l'ouvrier ne soit plus obligé de consacrer une quantité aussi forte de la somme qu'il reçoit en échange de son travail, à l'achat des denrées alimentaires, il faut de toute nécessité faire en sorte que les choses d'alimentation consommées par l'ouvrier puissent être produites à l'aide d'une application de travail moins considérable; en d'autres termes, il faut accroître la puissance productive du travail agricole. Comme nous l'avons démontré dans notre chapitre II, lorsqu'on accroît la puissance productive du travail agricole, c'est comme si l'on augmentait la puissance de produire des travailleurs de toutes les industries. La condition la plus favorable pour l'ouvrier serait donc celle où, son travail étant doué d'une grande puissance productive, il prendrait comme salaire dans le produit de son travail une part proportionnelle très-large. Dans ce cas-là, il aurait à sa disposition une somme de choses utiles considérable, et c'est là ce qui véritablement constitue les salaires élevés. Quelles sont les conditions à réaliser pour atteindre ce but? D'abord il faut augmenter la masse du capital, afin d'augmenter la demande des bras. Nous avons déjà dit comment le principe du renoncement tend à rendre plus active l'accumulation du capital. Il faut, en outre, afin de restreindre l'offre des bras, arrêter l'essor trop rapide de la population. D'un autre côté, il faut rendre le travail agricole aussi productif que possible, et nous avons montré comment le principe du renoncement aidait aux progrès dans l'art de la culture. Il faut, en outre, établir le rapport de la population et des subsistances de façon qu'un accroissement trop rapide du nombre des hommes ne fasse pas hausser démesurément le prix des produits agricoles. Ainsi, par quelque côté que nous envisagions le problème, nous sommes toujours ramenés à cette vérité fondamentale de la science économique : qu'il faut de toute nécessité dans la société une force capable de maintenir la population dans les limites que lui assigne la nature même des choses. Si la doctrine du renoncement ne répondait pas à cette nécessité, il faudrait reconnaître son impuissance à régir les sociétés, et chercher ailleurs le principe qui doit présider à leurs progrès. Il suffira de considérer quelles conséquences pratiques le christianisme tire de la loi du sacrifice et de la nécessité du renoncement qui en découle, pour se convaincre que la vérité sociale est, comme toute vérité, renfermée dans cette doctrine divine.

C'est dans l'ensemble de ses préceptes, et non point dans telle ou telle des applications qu'il en fait, qu'il faut étudier l'action sociale du christianisme. Comme toute doctrine vraie, la doctrine chrétienne constitue un système dont toutes les parties sont coordonnées dans une telle harmonie, et réagissent tellement les unes sur les autres, qu'on ne pourrait envisager à part l'une d'elles, sans tomber dans de graves méprises sur les tendances de la doctrine et ses effets dans la pratique. C'est par une erreur de cette sorte que les économistes ont été conduits à reprocher à la morale chrétienne de pousser aveuglément au développement de la population et qu'ils n'ont pas aperçu qu'au contraire, prise dans l'ensemble de ses préceptes, la doctrine chrétienne oppose la force la plus efficace au développement exagéré de la population ; bien plus, qu'elle seule a la puissance de le contenir dans les limites que les lois naturelles de l'existence humaine ne lui permettent point d'outrepasser.

Une des gloires les moins contestables du christianisme, c'est d'avoir mis la chasteté en honneur chez les peuples où il règne. A la corruption antique il a substitué le culte de la pureté ; la virginité exaltée par lui au-dessus de tous les dons de la grâce, et proposée aux hommes comme le plus sublime effort de la vertu, est devenue, dans la personne de ceux qui lui ont voué leur vie, le modèle de cette haute perfection à laquelle aspire sans cesse le chrétien. Ainsi s'est opérée dans les mœurs la révolution la plus profonde que le monde ait jamais vue. Avec la chasteté de la femme, la famille a repris toute sa dignité. L'enfant élevé sous l'œil d'une mère chaste et vigilante, reçoit dès ses premières années des impressions de vertu qui marqueront toute sa vie. Recueillant avec les premières paroles qui frappent son intelligence les enseignements à la fois tendres et graves du christianisme, accoutumé de bonne heure à se vaincre, à se renoncer, quelle force ne puisera-t-il pas, dans cette habitude précoce de la lutte, pour triompher plus tard dans les rudes combats de la vie? Toute l'éducation chrétienne, par les précautions dont elle entoure la jeunesse, tend à reculer ce moment redoutable où, les passions, se révélant tout à coup à l'âme du jeune homme, mettent en si grand péril la conservation de la plus délicate des vertus. La religion chrétienne prolonge tant qu'elle peut l'enfance morale de l'homme; enfin lorsque vient le moment où il n'est plus possible de différer cette révélation des mystères de l'existence humaine, elle l'entoure de toutes les précautions qui en peuvent atténuer le danger. Ainsi en éloignant autant que possible l'âge des passions, en préparant l'homme pour la lutte, en l'armant de toutes les forces de l'esprit de sacrifice, elle fait ce que les économistes réclament comme une nécessité sociale : elle retarde l'époque du mariage. A la vérité, dans certains cas, lorsque le jeune homme n'a point su conserver cette pureté de cœur, cet empire sur lui-même, qui lui permet de prolonger son célibat sans danger pour ses mœurs, le prêtre usera de son influence pour le déterminer à chercher un refuge dans les liens du mariage ; mais ce ne sont là que des cas particuliers qui ne détruisent pas l'effet constant de la doctrine chrétienne sur les mœurs ; la tendance du christianisme, c'est, en rendant l'homme maître de ses passions, de le mettre à même de différer, suivant ce que lui conseille sa position dans le monde, le moment où il se déterminera à fonder une famille. Ainsi compris et ainsi gardé, le célibat ne sera point pour la société, comme il l'est sous l'empire du principe sensualiste, une source de plus de misère. Nous avons déjà eu occasion de le dire, le célibat, s'il n'est point réglé par le principe du renoncement, n'aura qu'un seul effet : ce sera de rendre les naissances illégitimes plus nombreuses. Or l'accroissement de la population qui résulte de ces naissances est bien plus à redouter, pour les sociétés, que celui qui provient des mariages précoces ; les malheureux auxquels l'abus du célibat aura donné le jour iront grossir les rangs des travailleurs, au milieu desquels ils porteront tous les vices qu'une mauvaise éducation aura d'ordinaire développés en eux ; aussi l'on peut considérer comme un des plus grands bienfaits du christianisme envers les sociétés, de tendre sans cesse à restreindre le nombre des enfants illégitimes.

C'est surtout par l'institution du célibat dans le sacerdoce et dans les ordres religieux, que se révèle la puissance du principe social chrétien. Le célibat, comme état permanent et définitif, n'est et ne sera jamais parmi les hommes qui vivent dans le monde qu'une exception assez rare. Ce n'est que sous les lois de la vie sacerdotale et de la vie religieuse qu'il se trouve placé dans ses conditions naturelles ; c'est sous cette forme qu'il peut acquérir une influence qui, pour avoir été souvent méconnue ou calomniée, n'en est pas moins salutaire, nécessaire même aux sociétés, telles que le christianisme les a faites. Nous n'entendons pas considérer ici le célibat religieux au point de vue spirituel, mais seulement au point de vue social, et plus particulièrement au point de vue des difficultés économiques qui préoccupent si vivement notre époque.

Sous le rapport économique, le célibat du prêtre et du religieux, gardé dans l'esprit de l'Église, c'est-à-dire dans la pratique de la mortification et des œuvres de charité, est éminemment utile à la société, puisqu'il contribue puissamment à arrêter l'accroissement trop rapide de la population. Ici ce n'est plus par des motifs tirés de l'ordre des intérêts, que l'on réclame des hommes un sacrifice impossible à qui n'a pour règle de ses actions que l'amour du bien-être; c'est des plus nobles et des plus purs instincts de notre nature que part la détermination par laquelle l'homme, épris d'un ineffable amour pour Dieu, lui consacre, avec sa vie entière, tout ce qu'il a reçu de lui de puissance pour le bien. Dans ce sacrifice, il n'y aura pas seulement pour la société l'avantage tout négatif d'une limite apportée à la puissance de propagation de l'humanité : il y aura les innombrables bienfaits de la charité pratiquée par des hommes qui auront brisé pour elle tous les liens des affections du monde. Le feu de la charité, concentré dans les ordres religieux, rayonnera de tous côtés et fera sentir partout sa douce et irrésistible influence. Le religieux ne quitte le monde que pour mieux appartenir aux hommes, et dans son dévouement ingénieux, il trouvera mille moyens de les servir. Parfois on le verra, comme le trappiste, se livrer à des travaux dont la difficulté rebuterait des ouvriers ordinaires. D'autres fois il se consacrera dans la solitude à ces grandes œuvres de l'intelligence qui ne peuvent être menées à bonne fin que dans le calme de la retraite, et dont l'immensité effrayerait des hommes préoccupés des soins du monde. Qu'on se rappelle ces pauvres moines du moyen âge, ce Roger Bacon, par exemple, qui, dans le recueillement du cloître, avait devancé la science moderne dans quelques-unes de ses plus vastes découvertes; et qu'on dise, après cela, si ces hommes, qui avaient fait vœu de chasteté et de pauvreté, étaient si inutiles aux progrès des sociétés, à la puissance desquelles leurs découvertes scientifiques pouvaient apporter un si puissant secours. Sans remonter si haut, considérez comment, dans ces dernières années, les Frères de la doctrine chrétienne ont réussi à organiser dans leurs écoles cet enseignement professionnel, si vivement et si vainement réclamé de l'État depuis plusieurs années par les économistes les plus distingués, et voyez s'il n'y a pas quelque chose à attendre, même au point de vue du progrès économique, de ces hommes pour lesquels l'économie politique n'a pas assez d'anathèmes. Mais c'est surtout lorsqu'ils consacrent leur vie au soulagement des misères et des souffrances de l'humanité, que leur dévouement éclate aux yeux du monde. En les considérant dans cet exercice de leur ministère, il n'est personne qui ne se sente ému de reconnaissance et d'admiration, et l'incrédule lui-même est forcé de s'incliner devant les sublimes abaissements de leur charité.

Une chose digne de remarque, c'est que plus la société avance dans les voies de la prospérité matérielle, et mieux elle peut, sans préjudice pour ses intérêts, consacrer un grand nombre de ses membres à des travaux immatériels. Les hommes qui, pour s'appliquer aux travaux de cet ordre, renoncent à prendre une part directe à la production des richesses, doivent trouver, dans le travail des classes qui s'appliquent directement à cette production, les choses nécessaires à leur existence. Ils les obtiennent en échange des services que, par leurs travaux immatériels, ils rendent aux travailleurs appliqués à la production des objets matériels. Il faut donc que le travail de ceux-ci soit assez productif pour pourvoir à la fois à leurs propres besoins et aux besoins des hommes que des occupations d'un ordre plus élevé détournent de la production matérielle. Chez les peuples barbares, où le travail est peu productif, chacun vit absorbé par le soin de s'assurer les choses nécessaires à la vie; à mesure que la civilisation avance, le travail devenant plus fécond par le perfectionnement de ses procédés, la part que les producteurs peuvent céder en échange des produits immatériels devient plus considérable, et il arrive ainsi que le progrès de la richesse, qui lui-même dérive du progrès dans les mœurs et dans les idées, prête à son tour des facilités plus grandes à la culture de l'esprit et à l'extension du travail dans toutes ses applications aux choses de l'ordre moral. Il sort de ce fait, quant aux ordres religieux, une conséquence toute naturelle : c'est que ces ordres, qui se vouent pour la plupart au travail immatériel, peuvent, sans nuire au bien-être général, se multiplier d'autant plus que la société est plus avancée en richesse. A la vérité, nous avons montré plus haut comment, par l'effet du développement de la société, le travail perdait de sa puissance à cause de la difficulté plus grande de produire les choses d'alimentation. Mais cette difficulté tient à ce que, dans notre état social, la population dépasse dans son progrès les perfectionnements du travail agricole; les ordres religieux, en arrêtant l'essor de la population, feraient disparaître la cause d'où provient cet affaiblissement dans la puissance productive du travail. Ainsi c'est dans l'existence même de ces ordres, dans ses effets sur le mouvement des sociétés, que se trouve pour celles-ci la possibilité de recueillir, sans nuire en rien à l'aisance générale, sans rien sacrifier de leur grandeur et de leur prospérité matérielle, les bienfaits d'un ordre plus élevé que répand sur elles la pratique de l'esprit de renoncement dans sa perfection la plus haute. Or, par une merveilleuse disposition de la Providence, c'est précisément lorsque les sociétés sont, grâce au progrès de leur richesse, le plus à même de subvenir à l'entretien des hommes qui se vouent aux travaux de la charité, c'est alors qu'elles ont le plus besoin des secours de toute sorte que dispense la charité. Plus la société avance, et plus les relations sociales se compliquent; le travail se transforme et subit une révolution qui est dans la nature même des choses, et qu'il n'est donné à aucune puissance humaine d'arrêter. A mesure que l'industrie se perfectionne, les petits ateliers, les petits producteurs disparaissent, les grandes manufactures absorbent les travailleurs; le régime de libre concurrence, même dans ses conditions les plus avantageuses, exige un déploiement d'activité, une incessante préoccupation, qui tend à détourner les regards des hommes des intérêts supérieurs à ceux de l'ordre matériel. Et puis, par l'effet même du progrès de la richesse, les séductions de la vie se multiplient; le penchant aux jouissances matérielles tend à prendre le dessus; il faut, pour rendre à l'esprit sa légitime prépondérance, pour maintenir la société à cette hauteur morale dont elle ne peut déchoir sans compromettre son repos et quelquefois son existence; il faut qu'une effusion plus grande de l'esprit de sacrifice, en attirant les âmes vers les choses célestes, refoule dans les limites qu'il ne doit point franchir le penchant désordonné de l'homme vers les jouissances terrestres. Les ordres religieux, par leur doctrine et par toute leur vie, rappelleront à chaque instant les hommes au sentiment de leur dignité naturelle, et arrêteront la société sur le penchant de l'abîme où la précipiterait la domination des intérêts matériels.

En même temps qu'ils préservent la société de l'invasion des instincts matériels qui la ruineraient, ils lui apportent les secours que rend nécessaires l'état nouveau des relations sociales. A mesure que le travailleur devient plus libre, à mesure que disparaissent, par le progrès inévitable de la civilisation, toutes ces institutions qui, dans les temps antérieurs, protégeaient sa liberté en quelque sorte encore dans l'enfance, il a plus besoin d'un guide dont le patronage, librement accepté, le préserve des écarts où le conduirait son inexpérience. Qui, mieux que les ordres religieux, accordera aux travailleurs cette assistance paternelle? Qui saura aussi bien qu'eux se faire à leurs habitudes, gagner leur confiance, acquérir sur eux cette autorité toute de conviction, la seule à l'égard de laquelle l'homme du peuple ne se montre point défiant? De quelle utilité ne seront-ils pas encore pour l'éducation des enfants de l'ouvrier? Dans les conditions nouvelles du travail, le père, la mère souvent, sont forcés, pour gagner le pain de leur famille, de passer une grande partie du jour hors de leur demeure dans les ateliers de la grande industrie. Ce seront encore les ordres religieux qui, sachant se faire simples avec les simples, petits avec les petits, pourvoiront à la surveillance des familles forcément abandonnées de leurs chefs, et prodigueront aux enfants des travailleurs, depuis la crêche jusqu'à l'atelier d'apprentissage, les soins les plus tendres et les enseignements les plus utiles. Et ce n'est pas aux enfants seuls que s'adressera la sollicitude de la charité des religieux : après en avoir fait des hommes, ils les suivront dans la vie; ils les accueilleront dans les heures de repos, au sortir de ces travaux des manufactures dont la monotonie obligée exerce la plupart du temps, sur le moral du travailleur, une influence si fâcheuse; par des enseignements à la fois simples et élevés, ils feront diversion aux fatigues du travail des manufactures, et empêcheront qu'il ne devienne, pour l'ouvrier, une source d'abrutissement.

L'Église, par l'institution des fêtes religieuses, assure d'ailleurs au travailleur des jours de repos durant lesquels il pourra étendre ses connaissances, et recevoir l'enseignement moral dont il a si grand besoin pour se soutenir parmi les épreuves de la vie. La nécessité du repos du dimanche est aujourd'hui un fait reconnu par les économistes; tout le monde convient que, sans ces repos périodiques, les forces de l'homme s'épuiseraient, que le travail perdrait de son énergie, et qu'au lieu d'étendre la puissance productive d'une nation, en supprimant les fêtes religieuses, on ne ferait probablement que la restreindre, en ôtant aux travailleurs, non-seulement leurs forces physiques, mais encore la vigueur morale et l'application constante au travail, qui sont les conditions indispensables de sa perfection et de sa fécondité. De même que par le progrès de la civilisation chrétienne, à mesure que s'accroît la puissance productive du travail, il devient plus facile d'augmenter la somme du travail appliqué à la production immatérielle, de même aussi il devient possible d'étendre davantage les repos accordés au travailleur, et de lui donner plus de temps pour élever son âme à Dieu, vers qui les solennités et les enseignements des jours consacrés à la religion reportent toutes les puissances de son être. C'est ainsi qu'avec l'aide de la foi religieuse, le progrès dans l'industrie sera véritablement la victoire de l'homme sur la nature, et non point, comme dans le système sensualiste, l'asservissement de l'homme à un travail de plus en plus rude.

L'enseignement donné par les religieux aux classes ouvrières aura un double avantage : d'abord il accroîtra leur habileté industrielle, et il contribuera par là à l'amélioration de leur sort, ainsi qu'au progrès de la richesse générale; en outre, en donnant aux ouvriers des notions saines sur toutes les choses à leur portée, il détruira les préjugés si nombreux qui obscurcissent leur intelligence, et il affermira leur moralité en la mettant à l'abri des séductions de l'ignorance. S'il est dangereux d'éclairer les hommes sans épurer leur volonté, il est bien difficile de les attacher solidement au bien sans donner à leur intelligence un développement proportionné à leur situation. Plus les conditions du travail en commun, au milieu de grands rassemblements d'hommes, multiplient les séductions autour du travailleur, plus il faut l'armer de tous les moyens d'y résister; ce n'est pas trop de l'infatigable dévouement des ordres religieux pour suffire à cette tâche. Pour l'accomplir, il faudra que la charité prenne de nouvelles formes. L'histoire du christianisme prouve que l'on peut tout attendre de l'esprit de sacrifice inspiré par la foi religieuse, et l'on peut compter que, s'il reprenait sur les consciences son légitime empire, les sociétés retrouveraient dans le dévouement chrétien les secours qu'il ne leur a refusés dans aucune des grandes crises qu'elles ont eu à traverser.

L'homme qui, sous l'impulsion de l'esprit de renoncement, consacre sa vie au sacerdoce ou à l'état religieux, pose un acte éminemment utile aux sociétés, d'abord en ce que son sacrifice contribue à leur épargner les dangers d'un accroissement trop rapide de la population; ensuite par les services directs que sa charité peut leur rendre; enfin, il leur est encore utile en ce qu'en abandonnant le monde, il diminue d'autant la concurrence des producteurs. Ce n'est pas seulement la concurrence des ouvriers entre eux qui est fâcheuse pour la société, celle des maîtres ne l'est pas moins. Tout ce qui tend à l'atténuer peut être considéré comme un bienfait. Nous avons déjà dit, en caractérisant la misère de notre époque, que la principale cause des grandes crises qui affligent l'industrie, c'est l'avidité avec laquelle un grand nombre d'hommes poursuivent la richesse, et qu'en modérant, par l'esprit de sacrifice, cet amour effréné du bien-être, on parviendrait à ôter à la concurrence ses plus graves périls. On a dans ces derniers temps beaucoup déclamé contre la concurrence, sans s'apercevoir qu'elle n'est qu'une des formes de la liberté. La concurrence est, comme la liberté, le résultat de l'action du principe social chrétien; comme la liberté, elle a ses abus; mais des deux côtés ils tiennent non point aux choses mêmes, mais à la situation fausse où les sociétés se trouvent placées. Le système social chrétien est le système de la liberté; tout y repose sur le principe de la responsabilité de l'homme. En lui apprenant à se gouverner, le christianisme lui abandonne le soin de sa propre destinée; plus, par l'action de la loi du renoncement, l'homme aura épuré et fortifié sa volonté, et moins seront étendues les restrictions que, dans l'intérêt social, on sera contraint d'apporter à l'exercice de la liberté. C'est par l'action du principe social chrétien qu'ont disparu successivement les entraves apportées, sous les régimes précédents, à la liberté du travail; le tort de nos sociétés, c'est d'avoir prétendu conserver les avantages de la liberté sans accepter les conditions qui la rendent inoffensive. La concurrence, qui n'est que la liberté dans l'ordre du travail, a besoin d'être tempérée par le principe du renoncement. Garder intacte la liberté en rejetant le principe même d'où elle procède, et qui en est la force régulatrice, c'est tomber dans une contradiction manifeste et tenter l'impossible. De là vient que les économistes, tout en signalant les maux causés par la concurrence, sont contraints d'avouer leur impuissance à proposer une mesure propre à y remédier; de là encore les hésitations de tant d'esprits distingués, qui sentent défaillir leur foi dans la liberté à l'aspect des souffrances qui en accompagnent l'exercice, et qui seraient disposés à lui imposer des entraves, comme l'unique moyen d'en conjurer les dangers. Mais le remède aux maux de la concurrence n'est pas dans ce retour impossible à l'organisation sociale du passé; loin de les guérir, il ne ferait que les aggraver; il ne peut se trouver que dans la restauration du principe du sacrifice, source et condition d'exercice de toute liberté.

En arrêtant l'essor trop rapide de la population, en restreignant l'abus de la concurrence, et en rendant plus rares les crises auxquelles cet abus donne naissance, le principe social chrétien tend à faire disparaître des sociétés les causes générales de la misère. C'est beaucoup, mais ce n'est pas assez encore. Il est des causes particulières de misère, agissant non point sur toute la société en même temps, mais sur les individus seulement et qui finiraient par compromettre la société elle-même, si aucune force n'arrêtait leurs funestes progrès. Ces causes ont été signalées et leurs effets exposés avec beaucoup de sagacité par un économiste distingué que nous avons déjà eu occasion de citer, par M. Clément; ce sont : l'intempérance, le désordre, l'imprévoyance, le défaut d'économie et la paresse. Nous avons déjà fait voir que l'amour du travail, la prévoyance, l'économie, dérivaient tout naturellement de la pratique du renoncement. Quant au désordre et à l'intempérance, il serait superflu de dire que la morale chrétienne les proscrit et qu'aucune doctrine ne présente des moyens plus efficaces pour les combattre. Nous pouvons donc affirmer, sans qu'il soit besoin d'insister davantage, que, si le principe social chrétien régnait sur les mœurs, les causes particulières de la misère aussi bien que ses causes générales perdraient infiniment de leur énergie, et que leur action serait renfermée dans des bornes aussi étroites que possible.

Mais, quelque puissance que possède le principe chrétien pour arrêter la misère à ses sources mêmes, jamais il ne pourra faire qu'il n'y ait plus de pauvres dans le monde. Pour cela il faudrait d'abord corriger les lois de l'ordre physique et rendre impossibles les accidents naturels qui peuvent engendrer la misère; mais le principe chrétien ne prétend point changer les lois de la nature; il se borne à donner à l'homme les moyens de lutter contre ses forces ennemies. Il faudrait, en outre, mettre l'homme dans l'impossibilité d'abuser de sa liberté; mais pour cela il faudrait anéantir la liberté même. Or, le christianisme respecte profondément la liberté de l'homme; quelque force qu'il lui communique par le principe du renoncement, il ne peut cependant pas toujours l'empêcher de faillir. Aussi c'est une vérité triste à dire, mais c'est une vérité, que, tant qu'il y aura des hommes, il y aura des pauvres. La charité sera donc toujours nécessaire dans la société, c'est un des ressorts essentiels de tout ordre social fondé sur la liberté (1). Ou bien la société connaîtra et pratiquera la charité, ou bien les classes inférieures redeviendront esclaves. Nous n'en voudrions d'autre preuve que l'irrésistible force des conséquences par laquelle les économistes qui ont repoussé le principe chrétien, ont abouti forcément à des mesures qui n'auraient été qu'un esclavage déguisé. En effet, peut-on appeler autrement le célibat imposé aux pauvres par certains disciples de Malthus, moins humains que leur maître, mais plus conséquents que lui? N'est-ce pas encore un acheminement inévitable à l'esclavage que le système de *garantie* imaginé

(1) Nous n'insistons pas sur ce point, qui a été admirablement traité par le R. P. Lacordaire, dans sa conférence sur l'influence de la société catholique sur la société naturelle quant à la propriété. L'illustre orateur a prouvé, dans cette circonstance, qu'il était, au besoin, aussi savant économiste que profond théologien.

par Sismondi, par lequel cet économiste voudrait mettre les ouvriers pauvres à la charge des maîtres? Et le socialisme dans ses différentes formes, n'est-ce pas, comme on l'a prouvé plus d'une fois, l'esclavage universel avec l'État pour maître?

Que le principe du sacrifice soit le seul qui assure à la société cette pratique de la charité, sans laquelle elle ne pourrait se maintenir dans les lois naturelles de son existence, c'est chose évidente pour qui se rend compte des conditions mêmes de la charité. Elle implique, en effet, le sacrifice d'une jouissance propre en vue d'un soulagement à procurer à autrui; un pareil sacrifice pourrait-il être accompli, si l'homme n'était accoutumé à se renoncer à chaque instant lui-même? Le principe du développement indéfini des besoins tend à rendre la charité impossible. Comment l'homme se décidera-t-il à prendre sur ses besoins pour donner à autrui, lorsqu'il subira le joug de convoitises toujours plus impérieuses. Le christianisme rend l'aumône facile au riche, en le détachant de ses richesses et en lui imposant, comme conséquence de la loi du renoncement, l'obligation de rester pauvre en esprit au milieu des biens du monde. La charité envers les pauvres n'est pas pour le chrétien une loi de contrainte, c'est une loi d'amour; dans le pauvre le chrétien voit la personne d'un Dieu fait homme, c'est avec respect qu'il lui fait l'aumône. Suivant une pensée de Bossuet, « les riches, en cette qualité de riches, ne sont soufferts dans l'Église que par tolérance; c'est aux pauvres et aux indigents, qui portent la marque du Fils de Dieu, qu'il appartient proprement d'y être reçus. Dieu reçoit les riches dans son église, mais à condition de servir les pauvres. » Cette vérité de l'ordre spirituel est aussi une vérité de la science sociale. Comme, par suite de l'abus de la liberté, il y aura toujours des pauvres, il faut qu'il y ait des riches qui seront les ministres de la Providence dans la dispensation des richesses; Dieu n'a donné à quelques-uns la fortune que pour qu'ils fussent en quelque façon les économes des pauvres, et qu'ils leur remissent, au moment où leurs besoins le réclament, le trésor dont il leur a confié la garde.

Mais ce ne sera pas seulement de ses richesses que le riche fera part au pauvre, il lui fera part de tous les dons que Dieu lui a accordés dans l'ordre moral aussi bien que dans l'ordre matériel. Le respect et l'amour du chrétien pour le pauvre rendent sa charité ingénieuse à trouver des remèdes à toutes les douleurs, soigneuse de la dignité morale du pauvre, attentive à joindre toujours, à l'aumône des choses qui peuvent soulager les souffrances physiques, l'aumône non moins salutaire des enseignements et des consolations qui soulagent et guérissent les âmes.

De même que le système social sensualiste essaye de trouver dans l'amour du bien-être la force qui s'opposera au développement exagéré de la population, de même aussi, reconnaissant la nécessité sociale de l'aumône, il essaye, pour rester conséquent avec son principe, d'obtenir par l'attrait du plaisir les secours que réclame la misère. Que de fois n'a-t-on pas dit que les dépenses de luxe remplacent avantageusement l'aumône, parce qu'elles ne donnent pas, comme l'aumône, un aliment à la fainéantise, puisqu'elles ne distribuent les secours que sous forme de travail! Mais d'abord, on ne prend pas garde que, dans bien des cas, il est impossible de faire l'aumône sous cette forme, quelque excellente qu'elle soit par l'action salutaire que le travail exerce sur les mœurs. Les dépenses de luxe procureront-elles du soulagement aux pauvres que quelque accident met dans l'impossibilité de travailler? donneront-elles du travail aux ouvriers de la grande industrie auxquels les chômages enlèvent leurs moyens d'existence? Il est évident que, dans tous ces cas, il faudra recourir à l'aumône; faite avec le discernement qu'inspire la charité chrétienne, elle n'encouragera pas la paresse, et elle subviendra à des besoins qu'elle seule peut atteindre. Elle aura en outre, quant à la demande de travail, les mêmes effets que les dépenses de luxe; les objets que consommeront les pauvres secourus par l'aumône ne seront-ils pas également le produit du travail? Sous ce rapport, elle est donc placée sur la même ligne que le luxe, mais elle a sur lui un inappréciable avantage : c'est qu'au lieu de ne donner que des joies éphémères, elle apporte soulagement à des souffrances qui ne sont souvent que trop cruelles. Il est un autre procédé par lequel on a tenté de remplacer l'aumône libre du chrétien : c'est la charité légale, rendue nécessaire en Angleterre par la prédominance du principe sensualiste dans les mœurs. Cette institution tout administrative n'a de la charité que le nom ; elle n'est point inspirée par cette sollicitude pour le pauvre qui, s'appliquant à son perfectionnement moral aussi bien qu'au soulagement de ses besoins matériels, peut seule rendre l'aumône profitable à la société et l'empêcher de dégénérer en une prime offerte à la paresse et à l'inconduite. La charité légale est depuis longtemps jugée; elle n'a servi qu'à prouver une fois de plus combien le principe sensualiste est impuissant à assurer aux sociétés les conditions essentielles de leur existence.

Quelque ardente que soit la charité inspirée par le principe chrétien, quelque effort qu'elle fasse pour adoucir les souffrances du pauvre, il n'en faudra pas moins à celui-ci, pour supporter sa misère, une force de résignation que le principe du sacrifice pourra seul lui donner. Le christianisme, par ses enseignements sur la pauvreté, la rend plus légère à porter, en lui donnant le caractère d'une expiation qui élève aux yeux de Dieu, lorsqu'elle est acceptée comme venant de sa main. Il fait plus encore : il glorifie la pauvreté volontaire, il en fait une des perfections des saints qu'il vénère. Par la vertu de cette doctrine, le pauvre jeté par la misère au dernier rang de la société conservera pourtant intact le sentiment de sa propre dignité ; il ira même jusqu'à aimer sa pauvreté par amour pour celui qui la lui envoie, bien différent en cela du pauvre qui a perdu, avec le sentiment chrétien, tout espoir et toute résignation ; pour celui-ci, la pauvreté est une continuelle torture, tandis qu'il est lui-même pour la société un danger toujours menaçant.

Ce n'est pas seulement aux pauvres que la résignation est nécessaire pour adoucir les privations qu'ils endurent ; elle l'est également au plus grand nombre des hommes qui vivent du travail de leurs mains, et parmi lesquels bien peu trouvent dans ce travail plus que le strict nécessaire. C'est un fait constaté par l'économie politique, que la richesse ne peut s'accroître que lentement ; tout ce que nous avons dit sur la nature des progrès de l'agriculture, desquels dépend le progrès de la richesse générale, le prouve surabondamment. L'application aux sociétés du principe chrétien du sacrifice pourra bien renfermer dans ses plus étroites limites le nombre des indigents, mais jamais il ne pourra donner à tous les jouissances de la richesse; il aura fait tout ce qu'on peut attendre de lui quand il leur aura assuré le nécessaire. Il y aura donc toujours, pour la plupart des hommes, nécessité de restreindre leurs désirs, pour les maintenir au niveau de leurs ressources. Nous avons déjà dit, en traitant de la situation relative des classes ouvrières d'aujourd'hui et des classes ouvrières d'autrefois, que la misère est un fait moral, et qu'une de ses causes les plus actives est dans la disproportion des besoins et des ressources: c'est une vérité que prouvent à l'évidence les faits recueillis sur l'état des ouvriers par les observateurs les plus habiles. Voyez, par exemple, ce que dit M. Villermé de l'aisance que savent se procurer les filtiers de Lille et les ouvriers de Tarare, avec des salaires très-modiques, tandis que, près d'eux, des ouvriers beaucoup mieux payés présentent le spectacle d'une misère repoussante. Voyez encore ce que rapporte M. Léon Faucher des ouvriers de Wolverhampton, qui, avec de hauts salaires, sont plongés dans une misère voisine de l'abrutissement. Il est donc de toute évidence que, sans la résignation qui apprend à se contenter d'une situation modeste, sans la modération des désirs, qui rend facile le bon emploi des ressources, il ne peut y avoir, pour les classes les plus nombreuses de la société, qu'une misère d'autant plus intense que l'amour des jouissances matérielles sera chez elles poussé plus loin.

Le christianisme, qui seul possède le secret de la destinée humaine, qui sait que le cœur de l'homme est fait de telle sorte que tous les biens du monde ne suffiraient point à le remplir, qui sait d'ailleurs que, par l'imperfection de tout ce qui est humain, la somme des biens accordés au grand nombre sera toujours, même dans les sociétés les mieux ordonnées, bien loin de l'abondance; le christianisme a pris soin de détacher les âmes des jouissances de l'ordre matériel. En dirigeant toutes les aspirations de l'homme vers des joies plus pures et plus durables que celles de la terre, il rend moins lourdes les privations qui, même lorsque la misère aurait été réduite à ses plus étroites limites, seront toujours le partage du grand nombre. Que fait un peu plus ou un peu moins de satisfactions matérielles à qui a placé sa félicité plus haut que la terre? Par le détachement des choses du monde, le christianisme donne à l'homme des joies intérieures qui se répandent sur toute sa vie. Ce sont elles qui l'aident à traverser les difficultés de toutes sortes dont son existence est remplie; qui rendent plus doux ses moments de bonheur, moins amers ses jours de tristesse; qui soutiennent et règlent ses efforts dans la poursuite du progrès dont Dieu même a placé dans son âme, avec l'idée de la perfection, l'inextinguible désir. C'est par ce contentement de l'âme que le christianisme fait des populations paisibles et heureuses, bienveillantes pour tous, respectueuses envers toutes les supériorités, satisfaites de leur sort, cherchant le mieux sans impatience et sans haine de ce qui est. Le christianisme ne leur a point promis sur cette terre une félicité intarissable; il ne leur a point dit que l'âge d'or, au lieu d'être derrière elles, était devant elles, qu'il n'y avait qu'à marcher pour l'atteindre; il n'a point flatté leurs passions, il leur a, au contraire, montré la vie dans sa réalité la plus sévère; mais qu'importe, si ces hommes, où le sensualiste croit voir des victimes, vivent contents, exempts des tourments qui accompagnent les éphémères satisfactions des sens, et si, leur jour venu, ils quittent le monde, pleins de reconnaissance envers le Dieu qui leur a fait don de la vie, et pleins d'espoir en sa bonté?

C'est donc toujours par la vertu du même principe que le christianisme agit sur les sociétés; c'est par la puissance du sacrifice qu'il tend à accroître la somme des biens accordés à chacun; tandis qu'en même temps il élève les hommes au-dessus des jouissances matérielles et les dispose à se contenter de peu. En assurant la prédominance de l'esprit sur les sens, le christianisme replace l'homme dans les conditions naturelles de son existence. Par la pratique du renoncement, il tend à restituer dans leur harmonie primitive les facultés diverses de l'homme et à rétablir entre elles cet accord que la faute originelle a brisé. Ce sont les penchants grossiers qui, en usurpant la prééminence sur les facultés nobles, jettent le trouble dans l'âme et détournent l'homme des fins élevées auxquelles sa nature le destine. Par la pratique du renoncement, il impose un frein à la révolte de ses passions, et il les renferme dans les limites qu'elles ne peuvent franchir sans compromettre, avec sa dignité, sa félicité même terrestre. Mais dans cette lutte, il n'est pas toujours vainqueur : il arrive que sa liberté succombe, et que par cette défaite se trouve compromise cette harmonie entre toutes ses facultés, sans lesquelles il n'y a pour lui ni véritable grandeur, ni solide progrès. Malheureusement, dans l'état d'infirmité où la faute originelle a réduit l'homme, cet abus de la liberté n'est que trop fréquent. Quelque puissante que soit une doctrine, elle ne parviendra jamais à exercer sur les volontés une domination tellement absolue, qu'elle puisse, par son action sur les individus, façonner à son gré la société et lui imprimer une impulsion en tout conforme à son principe. Toujours il y aura plus ou moins de volontés rebelles, qui arrêteront l'expansion de la doctrine et paralyseront son action sur les mœurs et sur l'état général de la société. Il est donc vrai de dire que les doctrines n'impriment aux sociétés que des tendances. Ces tendances seront plus ou moins prononcées, suivant que la doctrine exercera plus ou moins d'empire sur les consciences; et, selon que la doctrine vraie sera mieux acceptée ou plus méconnue, la société sera plus proche ou plus éloignée des conditions de son existence normale.

Il est deux doctrines qui se disputent le monde, le sensualisme et le christianisme : toute erreur aboutit à la première, toute vérité réside dans l'autre; tour à tour prépondérantes ou abaissées, elles répandent sur le monde des calamités ou des bienfaits. D'où viennent les maux qui tourmentent nos sociétés? où faut-il voir la cause de cette commotion soudaine qui, les arrachant à un état de calme apparent, les a précipitées tout à coup dans des agitations telles, qu'à peine l'histoire a conservé le souvenir d'un pareil ébranlement? Cette révolution qui a fait en un moment tant de ruines, elle était depuis longtemps au fond des âmes. Le dix-huitième siècle, en chassant Dieu de la conscience du peuple, en lui donnant pour idole les intérêts de cette vie, en avait de loin amassé les orages. Il s'est trouvé que ces doctrines, au nom desquelles on assurait aux hommes des jouissances matérielles sans limites, un progrès social sans terme, ne renfermaient pour la société que des germes de mort. Mais elles entretenaient les cœurs dans des illusions si douces à la faiblesse humaine, qu'il a fallu bien du temps et bien des épreuves pour désabuser de leurs trompeuses promesses. Aujourd'hui qu'elles ont été portées à leurs dernières conséquences, et que les hommes dont elles ont exalté les instincts pervers s'apprêtent à imposer leur joug aux sociétés, le monde se détourne avec effroi de ces principes dont les forces destructives se révèlent tout à coup à ses regards. Mais il ne suffit pas de comprimer par la violence un incendie qui se rallumera sans cesse, tant qu'on ne l'aura pas éteint à son foyer même. Le feu qui couve dans les profondeurs de la société, et dont les soudaines irruptions nous causent tant d'épouvante, ce sont les doctrines sensualistes qui l'ont allumé. Seul, par la vertu du sacrifice, le christianisme pourra l'éteindre. La société périt par le principe même dont elle attendait l'éternité de ses progrès. Puisse-t-elle comprendre enfin ce que les événements lui crient si haut, que la vie, la prospérité durable, le progrès vrai, ne peuvent sortir que de cette doctrine du sacrifice, où, sur la foi d'une philosophie étroite, elle ne voyait que d'inutiles entraves à la libre expansion des forces de l'humanité, que des prescriptions injurieuses à sa dignité et fatales à son bonheur! Puisse-t-elle comprendre que, si elle tentait de poursuivre cette réhabilitation de la matière, qui est au fond de toutes les attaques de ces derniers temps contre le christianisme, son triomphe pourrait n'être que trop prompt, et que dans sa victoire serait son arrêt de mort!

FIN.

TABLE DES MATIÈRES.

MÊME LIBRAIRIE.

HISTOIRE DES LETTRES AVANT ET DEPUIS LE CHRISTIANISME. — Cours de littérature; par Amédée Duquesnel. 7 vol. in-8°. 26 fr.

Cet ouvrage présente, dans l'ordre chronologique, l'histoire de la littérature de tous les peuples. L'auteur s'est inspiré non-seulement des critiques français contemporains, mais de ceux de l'Allemagne, de l'Angleterre et de l'Italie. Toutefois il a donné à son livre un caractère d'unité dû aux grands principes qui l'ont inspiré. M. Duquesnel a tracé partout le tableau du travail de l'Église en regard des travaux du génie laïque. Tout en admirant les grandes créations de l'esprit humain, il ne s'est pas préoccupé de systèmes toujours conçus à un point de vue étroit, il n'a adopté d'autres règles que celles qui découlent de la contemplation de Dieu et de la nature. Enfin, il a voulu non-seulement inspirer l'amour du beau, mais servir la cause de l'éducation religieuse et sociale, et faire pénétrer de plus en plus dans les âmes les idées chrétiennes qui pourraient sauver le monde encore une fois.

HISTOIRE DES SCIENCES DE L'ORGANISATION ET DE LEURS PROGRÈS, comme base de la philosophie; par M. H. de Blainville, de l'Académie des sciences, professeur administrateur au Muséum d'histoire naturelle, professeur à la faculté des sciences de Paris, etc., etc. Rédigée d'après ses notes et ses leçons, faites à la Sorbonne de 1839 à 1841, avec les développements nécessaires et plusieurs additions; par L.-F.-M. Maupied, prêtre, docteur ès sciences de la Faculté de Paris, membre de la Société littéraire de l'Université catholique de Louvain, etc., 3 vol. in-8°, avec planches. 18 fr.

Les travaux sérieux sont si rares aujourd'hui, qu'on doit applaudir aux hommes qui ont le courage de sonder les bases de la science humaine pour en faire sortir la vérité, et apprendre à l'homme ce qu'il est, et quels sont ses devoirs. C'est pour cela que nous nous félicitons d'avoir à offrir au public un de ces ouvrages dont la rare apparition mérite d'être signalée, parce que sortant du sentier battu, ils tracent une nouvelle route. On a parlé, et on parle beaucoup des progrès des sciences, mais sans savoir d'une manière bien précise ce que c'est; reprendre donc l'esprit humain dans les temps les plus reculés, le suivre dans sa marche logique à travers les siècles, montrer comment chaque peuple, chaque époque, vient ajouter un nouveau rayon au cercle des connaissances humaines, qui est la propriété de l'humanité; définir nettement, d'une manière claire, précise et positive, en quoi a consisté le progrès de chaque époque, en déduire logiquement le point où nous sommes arrivés, faire enfin sortir de cet enchaînement logique des efforts de l'esprit humain les bases de la vraie philosophie, et l'accord des sciences avec la religion, c'était un travail digne des efforts réunis d'un des plus illustres professeurs de l'Europe et du savant prêtre, qui est son disciple le plus remarquable.

INTRODUCTION A L'ÉTUDE DE LA PHILOSOPHIE; par V. Gioberti; traduit, sur la seconde édition italienne, par l'abbé V. Tourneur, professeur au petit séminaire, et membre titulaire de l'Académie de Reims, et par l'abbé P. Défourny, professeur au même séminaire: précédée d'un aperçu sur le système de l'auteur. 3 vol. in-8°. 18 fr.

Dans cet ouvrage, publié en italien, et arrivé à sa troisième édition en six années, M. Gioberti expose un nouveau système qui, en ramenant la philosophie dans ses véritables voies, sape par la base toutes les erreurs introduites en théologie, en philosophie et en politique, depuis Luther et Descartes jusqu'à nos jours. Le protestantisme, le scepticisme, le rationalisme, l'éclectisme, etc., y sont exposés et réfutés; tous les grands problèmes philosophiques y ont leur solution, et l'Église y trouvera une de ses plus sérieuses et de ses plus solides apologies.

www.ingramcontent.com/pod-product-compliance
Ingram Content Group UK Ltd.
Pitfield, Milton Keynes, MK11 3LW, UK
UKHW031846260826
14628UKWH00002B/610

9 782013 442091